高等院校艺术学门类"十四五"系列教材

文创产品设计

WEN-CHUANG CHANPIN SHEJI

主　编　胡飞扬
副主编　周　瑞　刘帼君　张　聪　李　璇　毛小欧

中国·武汉

内容简介

本书内容立足于设计专业课程的改革与创新,从理论到实践将文创产品设计的内容进行了讲述和分享,以完整清晰的叙事方式,呈现了文创产品设计的各个知识点,具体包括文创产品设计概述、文创产品设计的基本特征、文创产品设计的表现、主题性文创产品设计、文创产品设计的创作程序、文创产品设计案例解析和文创产品创意设计实践七个章节。本书针对商业案例和专业赛事选题案例进行详细解剖,以图文并茂且简单易懂的形式,为广大读者详细解读了文创产品设计的创作流程,可充分调动读者的学习兴趣,为读者以后的文创项目实践提供参考依据。本书可作为艺术设计专业课程的教学用书,对文化创意产业从业者、文创产品设计爱好者等也有较高的参考价值。

图书在版编目(CIP)数据

文创产品设计 / 胡飞扬主编. —武汉:华中科技大学出版社,2023.6(2025.2 重印)
ISBN 978-7-5680-9427-6

Ⅰ.①文… Ⅱ.①胡… Ⅲ.①文化产品—产品设计 Ⅳ.①G114

中国国家版本馆 CIP 数据核字(2023)第 094626 号

文创产品设计
Wen-chuang Chanpin Sheji

胡飞扬 主编

策划编辑:彭中军	
责任编辑:刘姝甜	
封面设计:孢 子	
责任监印:朱 玢	
出版发行:华中科技大学出版社(中国·武汉)	电话:(027)81321913
武汉市东湖新技术开发区华工科技园	邮编:430223
录 排:武汉创易图文工作室	
印 刷:武汉科源印刷设计有限公司	
开 本:880 mm×1230 mm 1/16	
印 张:9	
字 数:236 千字	
版 次:2025 年 2 月第 1 版第 2 次印刷	
定 价:59.00 元	

本书若有印装质量问题,请向出版社营销中心调换
全国免费服务热线:400-6679-118 竭诚为您服务
版权所有 侵权必究

前言 Preface

近年来,文创产业在全球掀起热潮并快速发展,已经成为很多国家经济发展的支柱。中国文创产业虽起步较晚,但发展迅速,并受到来自政府、企业等多方面的重视。在这样的环境下,国内高校设计学专业建设如火如荼,文创产品设计的专业热度也得以提升。文创产品即文化创意产品,是指文化创意产业中产出的任何制品或制品的组合。文创产品设计其实就是一门传播文化的设计语言。和其他的文创设计师一样,本书编者也非常喜欢文化创意产品,并希望通过自己的努力,让更多的人学习及了解到中国传统文化,这也是编者编写本书的初衷。通过本书,编者希望潜移默化地激活学生的创造性思维,解放学生的思想和视觉,让文创产品设计从业者及爱好者少走一些弯路,找到努力的方向,也希望能够为地方经济建设尽绵薄之力。

全书共分为七章。第一章"文创产品设计概述"针对文创产品设计的定义、起源与发展、构成要素进行了整体的论述;第二章"文创产品设计的基本特征"分别介绍了文创产品设计的文化性与艺术性、地域性与民族性、纪念性与实用性、经济性与时代性等特点;第三章"文创产品设计的表现"从功能性、趣味性、情境性、故事性、科技感等方面进行了叙述;第四章"主题性文创产品设计"论述了非遗文创产品设计、博物馆文创产品设计、IP文创产品设计、旅游文创产品设计等内容;第五章"文创产品设计的创作程序"依次讲述了设计主题确定、资料收集与整理、设计定位、设计深入、设计定稿等内容;第六章"文创产品设计案例解析"对"赤兔迎祥瑞"新年礼盒及系列文创设计、梦金园品牌系列文创设计、"方帛之上"汉绣系列文创设计等项目案例进行了解析;第七章"文创产品创意设计实践"通过大量的实际案例,对本书相关理论进行了论证,并进行了相关训练。全书行文既具有应用性又不失艺术性,同时有利于读者学习和把握。

本书主编为武昌理工学院教师胡飞扬,其根据艺术设计类专业的特点及人才需要,将理论知识应用于实践教学中,通过这种方式培养学生学习兴趣及实践动手能力,提升教学质量,以顺应行业的发展及需求。本书包含了编者在教学中的经验和体会,试图寻求一些启迪读者智慧的良策,但由于水平有限,疏漏、不足之处在所难免,恳请读者批评指正。书中选用了武昌理工学院部分学生的优秀作品,在此向提供作品的同学们表示感谢;同时也特别感谢华中科技大学出版社彭中军先生的大力支持。此外,本书在编写过程中引用参阅了许多专家学者的著作资料,特此感谢,但由于时间关系未能一一列明,敬请谅解!

目录 Contents

第一章　文创产品设计概述　　/ 1

第一节　文创产品设计的定义　　/ 2
第二节　文创产品设计的起源与发展　　/ 3
第三节　文创产品设计的构成要素　　/ 4

第二章　文创产品设计的基本特征　　/ 7

第一节　文化性与艺术性　　/ 8
第二节　地域性与民族性　　/ 10
第三节　纪念性与实用性　　/ 13
第四节　经济性与时代性　　/ 14

第三章　文创产品设计的表现　　/ 17

第一节　功能性设计　　/ 18
第二节　趣味性设计　　/ 19
第三节　情境性设计　　/ 21
第四节　故事性设计　　/ 22
第五节　科技感设计　　/ 23

第四章　主题性文创产品设计　　/ 25

第一节　非遗文创产品设计　　/ 26
第二节　博物馆文创产品设计　　/ 31
第三节　IP 文创产品设计　　/ 45
第四节　旅游文创产品设计　　/ 54

第五章　文创产品设计的创作程序　　　/ 61

  第一节　设计主题确定　　　/ 62
  第二节　资料收集与整理　　　/ 64
  第三节　设计定位　　　/ 64
  第四节　设计深入　　　/ 66
  第五节　设计定稿　　　/ 67

第六章　文创产品设计案例解析　　　/ 69

  第一节　"赤兔迎祥瑞"新年礼盒及系列文创设计　　　/ 70
  第二节　梦金园品牌系列文创设计　　　/ 93
  第三节　"方帛之上"汉绣系列文创设计　　　/ 97

第七章　文创产品创意设计实践　　　/ 107

第一章 文创产品设计概述

第一节　文创产品设计的定义
第二节　文创产品设计的起源与发展
第三节　文创产品设计的构成要素

第一节　文创产品设计的定义

文创产品是指依靠创意人的智慧、技能和天赋,借助现代科技手段对文化资源、文化用品进行创造与提升,通过知识产权的开发和运用,而生产出的高附加值产品。简单来说,文创产品就是创意价值的产品化。各种艺术品、文化旅游纪念品、办公用品、家居日用品、科技日用造型设计成果等都可能成为文创产品。一个新鲜的创意可让一件产品附加上超出用户期待的文化艺术价值、智慧创意价值,让大众心甘情愿地接受并做出购买行为。图1-1所示为故宫文创产品——喜上眉梢事如意茶具。

由文创产品设计衍生出的文化创意产业,是一种在经济全球化背景下产生的、以创造力为核心的新兴产业,是指依靠创意人的智慧、技能和天赋,借助高科技对文化资源进行创造与提升,通过知识产权的开发和运用,生产出高附加值产品,能创造财富且具有就业潜力的产业。文化创业产业主要包括传媒、视觉艺术、服装设计、软件和计算机服务等方面。我国近几年在文化艺术方面加大建设,除在既有制造业的优势下寻找出路外,也开始重视文化创意产业的发展。

著名设计师靳埭强说:"文化、设计、创意三者不可分离:文化是生活的精华,生活蕴含着创意;设计体现生活,离不开创意和文化。"由此,我们可以把文化创意产业界定为以创意为核心、以文化为灵魂、以科技为支撑、以知识产权的开发和运用为主体的知识密集型、智慧主导型战略产业。

图1-1　故宫文创产品——喜上眉梢事如意茶具

第二节　文创产品设计的起源与发展

我国的文化创意产品由来已久，只是缺乏系统化的总结。我国古代早已出现一些具有装饰性的青铜器、陶器、丝绸等艺术品，这些艺术品是当时的文化认知、宗教习俗、民风信仰的产物，符合当时的价值观。从它们的设计上可以看到，它们带有明显的中国文化，把当时流行的装饰条纹运用在器具的制作上，是典型的文化创意产品。

步入现代社会后，国外设计理念引入我国，国内一直在探索将我国传统文化与当代设计理念相结合的方法，"本土化设计"一度成为这个时代的主题，一批带有明显中国文化特色的创意产品出现了。比如2022年大火的故宫文创系列产品——故宫博物院乐器书签（见图1-2），借传统造型来塑造现代产品的外形，是基于我国文化开发的文化创意产品的经典之作，展示了新时期我国文化创意产品设计的良好现状。

文化创意产品追求外表的独特性和内在的深刻性，是体现设计师创造性的产物，它为人类的精神生活带来了新奇的享受。文化创意产品设计的要旨不是被动地迎合市场、满足现有的消费心理，而是主动创造新的需求，激发新的消费欲望，只有这样才能开启新的产业链——文化创意产业链。

文化创意产业，又叫创意工业、创造性产业、创意经济等，在台湾、北京、深圳、杭州等地较盛行，它是在全球化消费的社会背景下兴起的，它脱胎于知识经济，推崇个人创造力，强调文化艺术对经济的支持与推动。它始于20世纪90年代发达国家提出的一个概念，后来逐渐演变成一种全新的发展理念。这种理念认为，当代经济的真正财富是由思想、知识、文化、技能和创造力等构成的创意，这种创意来自人的头脑，它会衍生出无穷的新产品、新服务、新市场、新就业机会、新社会财富，是经济和社会发展的重要推动力。一些专家甚至指出，文化创意产业将会从现代服务业中分离出来，成为一种更高层次的全新产业形态，也就是所谓的第四产业。

图1-2　故宫博物院乐器书签

第三节　文创产品设计的构成要素

文创产品的内容主要包含两个部分,一个是它的文化内涵,另一个是它的载体,这两部分内容互相依存。这也是文创产品区别于其他普通产品的特征所在。正是因为文创产品的特性,其设计主要由文化要素、创意要素以及体验要素构成。

一、文创产品设计的文化要素

文创产品中的文化要素有纵向和横向两个层面,纵向的就是历史性文化及文脉,横向的是指区域性文化的传承。文创产品中的文脉要素能够激发人们对过往生活的记忆,从而使人们得到心灵的慰藉。文创产品中的区域性文化传承使得产品能够传承特定区域的文化,反映特定区域的社会环境、生活方式、知识体系和文化背景等。(见图1-3)

二、文创产品设计的创意要素

如马克思所说:"各种经济时代的区别,不在于生产什么,而在于怎么样生产,用什么劳动资料生产。劳动资料不仅是人类劳动力发展的测量器,而且是劳动借以进行的社会关系的指示器。"当下为信息社会,人类创造财富的方式从过去的体力劳动逐渐向脑力劳动转变,同时,文化、信息以及知识等成为新的生产资料,人类的创意被看作是经济前进的主要动力之一。文创产品正是在这样的背景之下产生,因此创意成为其关键要素。(见图1-4)

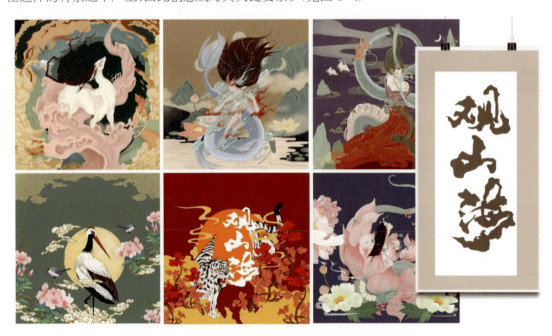

图1-3　"观山海"品牌文创设计

续图 1-3

图 1-4 兵马俑推拉卡文创设计

三、文创产品设计的体验要素

体验是指人们出于好奇使用某物或服务,感受并留下印象。具体到文创产品设计,体验是指使用者在使用产品过程中具有文化色彩的主观感受。在强调科学、逻辑的今天,文创产品设计应首先抓住的是对使用者的视觉吸引,从视觉上刺激使用者的好奇心,从而引发文化性联想体验。(见图 1-5)

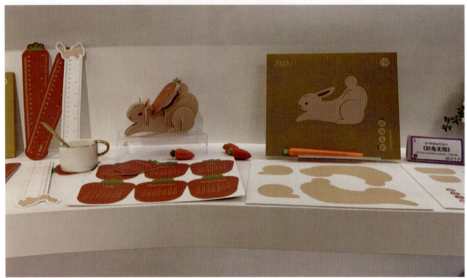

图1-5 DIY拼装台历设计

第二章 文创产品设计的基本特征

第一节　文化性与艺术性
第二节　地域性与民族性
第三节　纪念性与实用性
第四节　经济性与时代性

因文创产品应具有"体验价值",其不仅需要满足消费者物质层面的需求,更重要的是满足消费者心理和精神层面的需求。文创产品在具备普通商品特征的同时,还应该具有区别于普通商品的特征,如应该具有文化性与艺术性、地域性与民族性、纪念性与实用性、经济性与时代性等。

第一节 文化性与艺术性

一、文化性

创意产业具有很强的人文性。创意是通过创造性思维激活思维、激活文化、激活情感、激活概念所产生的创新性理念,可为产品注入新思想、新文化、新情感、新概念、新时尚,在很大程度上提高产品的文化附加值,带来可观的经济效益。

文创产品中的文化性是指通过文创产品传达民族传统、时代特色、社会风尚、企业或团体理念等信息。文化性是文创产品的核心内容,消费者在文创产品上消费,从某种意义上来说,不仅仅是为了其实用性,更多是为了获得一种文化认知和生活方式,即获得一种由文化带来的情感溢价。在体验经济时代,文创产品背后承载的应该是一种独特的文化和故事,凝结着独特的精神价值和社会内涵,需要体现文化渊源和消费者独特的价值追求。文创产品应注重文化的创新。文化创新并不意味着产品一定要和传统的文化结合,也可以是多元文化的创造性组合。同时,文创产品对文化的传承与创新,应当尊重文化本身的"精神内核",切忌捏造和篡改文化。如图2-1所示,"遇见文物"系列文创设计以荆楚文化为研究背景,以凤凰、曾伯鼎、青铜鹿角立鹤、玉舞人佩、梅花等荆楚元素为创作脉络,以文创产品为载体,从现代的角度让文物"活起来",让人感受荆楚文化的魅力。

二、艺术性

艺术性是指在结合设计条件、材料、环境进行设计活动时,设计者应对设计的审美规律有所把握,设计作品应对设计审美有所展现。文创产品应具有艺术价值,反映受众群体的审美特征,具有艺术欣赏的特性。这种艺术欣赏应包括文创产品外在形态和内在精神的欣赏,内外结合的美才能给受众带来愉悦的感受,同时唤起人们的生活情趣和价值的体验,使文创产品与人沟通、与生活沟通。

因此,设计者在进行文创产品设计的时候,应当充分熟悉材质、工艺和形式所表现出来的特性,同时结合文化习俗、风土人情、神话传说、生活方式等,设计出外在形态符合形式美法则及当代的审美需求、内在故事能供消费者回味的产品,从不同角度体现出产品独特的艺术审美价值。(见图2-2)

"遇见文物"系列文创设计

设计说明 该设计以荆楚文化为研究背景，用现代的角度让文物活起来。凤凰是楚文化的代表形象，是智慧、祥瑞、美好的化身，因湖北省博物馆汇聚了荆楚的大量文物，可以了解荆楚历史，画面中以湖北省博物馆为中心，周围围绕着文物元素，如曾伯鼎、青铜鹿角立鹤、玉舞人佩，再用湖北省的"省花"梅花点缀画面，让人感受荆楚文化的魅力。

图 2-1 "遇见文物"系列文创设计

图 2-2 "年华"盘扣图形演绎及文创设计

第二节 地域性与民族性

一、地域性

地域文化是以地域为基础、以历史为主线、以景物为载体、以现实为表象,在社会进程中发挥作用的人文精神活动的总称。地域文化反映着某一地区社会、民族的经济、政治、宗教、风俗等文化形态，蕴含着民族的哲学、艺术以及整个价值体系的起源。所谓地域性设计，是依据地域特点的设计，主要包括基于地域环境的适应性设计和基于文化资源的传承性设计两个方面，其实质是一种生态性设计。

不同的地域必然有不同的文化空间，所呈现的文化环境也必然不同。如在中国，长江流域的文化与黄河流域的文化不同，但它们同属于华夏文明；荆楚文化与赣皖文化不同，但它们同属长江流域文化；而荆楚文化又可以细分为屈原文化、三国文化等。地域性设计的基本方法是提取传统文化中符号模式及功能模式应用于现代设计之中，以满足本地域文化共同体的审美心理认同需求，同时造成相异地区人们文化审美心理的差异感。在进行文创产品设计时，应概括出文化的共性和个性，突出文化的个性，反映特定地域的自然风貌和风土人情。当今文创产品对文化的阐释多流于表面，不能够深入地挖掘文化内涵，这也是文创产品同质化现象严重的原因之一。

如图2-3所示，"悦时光"武当山文物文创设计，就是以武当博物馆文物的铜铸模型为原型设计的一款睡眠小夜灯产品，充分体现了地域性。

二、民族性

民族指的是一群人在文化、语言、历史或宗教方面与其他人群在客观上有所区分。一般来说，一个民族在历史渊源、生产方式、语言、文化、风俗习惯以及心理认同等方面具有共同特征。艺术由人创造，而人通常不能脱离民族而存在，尤其是离不开本土文化，此即民族性。以"鱼"为例，鱼在中国有着美好的象征，当设计作品中出现鱼时，中国人自然就会联想到鱼所具有的一些特殊的、吉祥的意义。

通常，在艺术风格上越具有民族性就越容易被世界认同。同时，民族文化的独特性能保持文化的多样化。如湘西的土家织锦、贵州的彝族漆器、西藏的唐卡等，各具特色、争奇斗艳。

图2-3 "悦时光"武当山文物文创设计

不同的民族所具有的文化特性不同,设计师在设计产品之前,应该着重抓住民族文化的精神内核,找到共性与个性;在对文化元素进行提取时,应对民俗故事、纹饰、器物等进行分类梳理,在尊重民族习惯的前提下进行挖掘,设计出具有民族风情的产品,更好地弘扬和传承民族文化。(见图2-4)

图2-4 "融和"十二生肖品牌系列文创设计

第三节 纪念性与实用性

一、纪念性

纪念性是文创产品对情感和记忆的承载。纪念是人们在现实生活中的一种感性行为方式,人们以这样的方式不断丰富个人和集体的文化意象,进一步形成丰富多样的人类文明。纪念性要求文创产品除了给消费者带来审美愉悦之外,更重要的是帮助消费者回顾历史,更了解自身以及周边的世界。纪念性强调消费者与被纪念事物之间的关联性,而文创产品是将有纪念性的意义赋予产品以唤醒某种记忆。

在进行纪念性文创产品设计时,可采用象征的手法。象征是以形象代表概念,运用象征的手法可以阐明与形象相关联的意义。典型的象征手法有数目象征(如生日、纪念日等)、视觉象征(如品牌形象、纹饰等)、场所体验(如诗词意境、建筑)等。

图2-5所示的是长城旅游纪念瞭望台U盘设计,将长城的瞭望台造型和U盘的外形进行关联,巧妙运用瞭望孔的弧线结构塑造U盘外侧的拼接口,形成一套可组合U盘设计。每个U盘既可单独使用,也可被拼合成完整的瞭望台造型。产品的包装盒也是拼合U盘的基座,四周有与U盘配套的插孔,方便U盘使用并使其不易丢失,具有较强的实用性与纪念价值。

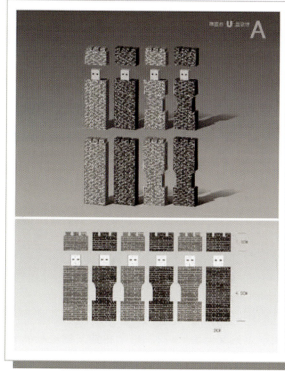
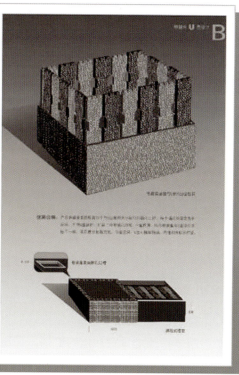

图2-5 长城旅游纪念瞭望台U盘设计

图 2-6　北京景点系列金属书签设计

二、实用性

在设计发展水平相对较高的国家,实用性设计似乎不那么重要,人们更在意审美和艺术的趣味性,但实用性在当前大多文创设计中仍不容忽视。在我国传统非遗项目中,传统手工艺作品似乎更受市场的青睐,很大程度上是因其具备实用价值。(见图 2-6)

另外,较多消费者在选择购买产品时更倾向于购买具备实用价值的产品。文创产品的实用性虽然不是必要选项,但目前仍是设计者的重点考量维度。

第四节　经济性与时代性

一、经济性

经济性是指以最低的能耗达到最佳的设计效果。文创产品设计应该具有较高的性价比,针对消费者群体特征而设定合适的价格。在旅游景点或文博单位,我们常常看到文物复制品或手工艺产品价格虚高,让不少游客"望物兴叹"。文创产品的优势在于通过创意设计,赋予产品文化

内涵,提升产品的体验价值,从而使产品具有较高的附加值,让消费者觉得物有所值、价格合理。(见图2-7)

设计师应该考虑不同消费层级的群体,设计不同层次的产品,高、中、低档兼顾,让消费者有更多的选择空间。同时,相关部门应该加强监管和引导,从而提升消费者对产品的好感度、复购率等。

二、时代性

艺术是人类生活中的重要组成部分,它影响着人的认知能力、创造力以及人的审美能力。文创产品设计应当在兼具文化性的同时体现当代人的审美需求,与当代人沟通,从而使文化不跟时代脱节。时代性的对立面是因循守旧。我国的部分手工艺或者民俗非遗传承难以维系,很大一部分原因是不能够适应时代潮流,与当下生活方式结合不够紧密。

随着中共中央国务院提出全面复兴中国传统文化,一大批"古老而又年轻"的节目出现了,如《国家宝藏》《如果国宝会说话》等弘扬传统文化类节目广受好评。这些节目之所以能成功,很大一部分原因就是注重与年轻人沟通和互动。中国的文创品牌要走出去,必须尊重中国的本土文化,同时符合国际审美。国际知名华人设计师刘传凯设计的上海世博会城市旅游纪念品——"微风",如图2-8所示,将上海地标以中国特有的折扇形式表现,利用了中国传统香木扇的拉花、烫花、雕花等制作工艺,极具时代性和纪念意义。

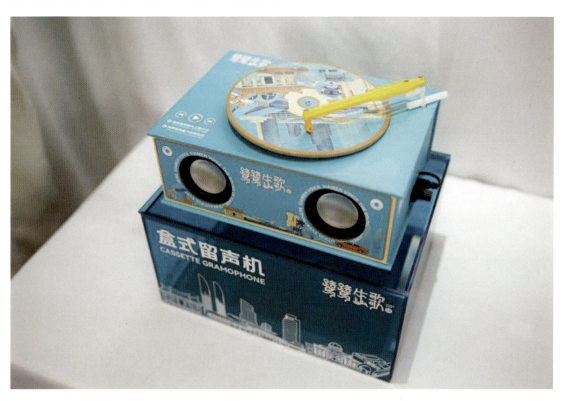

图2-7 "鹭鹭生歌"盒式留声机

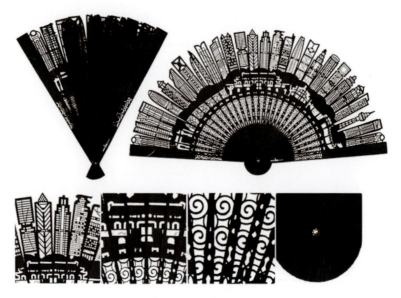

图 2-8　上海世博会城市旅游纪念品——"微风"

第三章 文创产品设计的表现

第一节　功能性设计
第二节　趣味性设计
第三节　情境性设计
第四节　故事性设计
第五节　科技感设计

第一节 功能性设计

一件产品的功能一般来说不是单一的,它可能同时具备多种实用功能和一定的审美功能。在产品设计过程中,合理安排产品的功能以及各功能之间的关系是关键的一环。所谓的功能性设计,是指以实用功能为主的设计。

早在一百多年前,世界著名的包豪斯设计学院成员为了适应大工业生产和生活的需要,提出了功能主义和实用主义。产品的实用功能主要是以作为人们为达到某一目的而使用的工具的方式体现的,比如汽车是人的代步工具,手机则是远程沟通的工具等。一般来说,除了一部分以工业化手段批量生产的、纯粹为满足审美需求的工艺品外,所有工业化批量生产的产品都在一定程度上具备实用功能,这也是产品的一项基本属性。

关于文创产品设计载体的选择,一般来说,设计师为了吸引消费者消费,会选择一些人们日常生活中常用的物品,设计成具有文化内涵的文创产品。设计师采用仿生或提取文物的表面肌理、质感、色彩和造型等方式,将提取的文化元素进行具象转化,结合产品的实用功能,设计出日常生活中的"日用品"。图3-1所示的是一款灯具,其创意在于将形态原有的概念进行了"偷换",超出想象的"牛奶盒",直接变成了有照明功能的灯具。在创意方面,该文创产品让人眼前一亮,也体现了设计者较高的设计品位。

图3-1 创意灯具设计

第二节 趣味性设计

诺曼在其所著的《情感化设计》一书中提到,美感、乐趣和愉悦共同作用能给人带来正面的情绪,产生快乐的感觉。这种感觉可以帮助人们解压,激发人们的求知欲和学习能力。目前市场上以娱乐为目的的体验产品数不胜数,有时促使消费者产生购买行为的是产品的"有趣""好玩",这也体现了人们在快节奏生活状态下追求心灵释放的需求。文创产品中的趣味设计,更多时候是互相包容的,力求带给人们的是全方位的感受,从造型到功能,再到人机的互动和文化层面,层层递进,将趣味设计推进到一个全新的层面。由于年龄、性别、知识文化层次、社会经历等不同,受众对趣味的理解方式也不同。有的较注重功能方面的趣味,有的更喜爱视觉感官带给自己最直接、最直观的趣味感受,有的则更加注重产品本身内在的品质带给人们的真实情感体验。在人们不同诉求点的驱使下,各种层面的趣味性又得以强化,带给人们截然不同的趣味感受。在进行趣味性设计时,应着重考虑影响趣味性的因素,掌握趣味性设计方法。

一、趣味性设计影响因素

根据不同人群需求,趣味性设计可着重考虑以下因素。

(1)年龄。从年龄层面出发,不同的年龄阶段对于趣味的诉求点不一样。儿童、青少年更注重外形、颜色上的趣味性,而中老年人更加注重产品本身所带来的趣味感受。

(2)性别。从性别层面来说,女性更多喜欢温和的趣味性设计,而男性更加喜欢简单、便捷、明快的趣味性设计。

(3)消费能力。从消费者自身消费能力层面来说,日常生活用品的趣味性设计最终应是从简单的产品功能设计引入对人们情感层面的关怀,并不一定高价位的产品趣味性就更加丰富。

日常生活用品的趣味性设计要从以人为本的设计思想入手,充分关注人们的情感,不仅要从趣味的表层含义去感受产品的趣味性,同时要不断地拓展产品趣味性设计的深度、广度。趣味性设计能赋予产品情感和活力,具有趣味的产品更加具有亲和力,所以我们要将相关的设计要素和设计思想融入产品的形态、功能以及人机互动和文化内涵之中,创造出更多令人感动的产品。

二、趣味性设计方法

从日常生活用品的造型、材质、色彩等的趣味到功能的趣味,从人机互动的趣味到产品的综合趣味,这些角度的产品趣味体现出完整的趣味性设计方法。日常生活用品的趣味性设计从以下几个方面着手。

(1)从造型层面趣味设计出发。如图3-2所示的调料瓶系列设计,在造型层面利用唐仕女形态的相似性进行形的套用,巧妙地运用了形态的象征意义。

图 3-2　调料瓶系列设计

(2) 从功能层面趣味设计出发。

(3) 从人机互动层面趣味设计出发。图 3-3 所示为泰国 Qualy 花盆,当花盆内水不够的时候,小松鼠就掉进洞里,提醒人们给植物加水。

(4) 从综合多层面趣味设计出发。比如在设计的时候可以考虑故事的趣味性、游戏的策略性、文化的多样性等,同时还要考虑到不同的年龄层、性别特征、消费能力等因素,综合多方面的因素,一切从人的需求出发。

坚持以人为本是一切设计的核心,这一核心的实现是建立在广泛的体验设计、情感设计等的丰富理论基础之上的。总体上说,日常生活用品的趣味性设计遵循"从产品的造型到产品功能再到情感上的趣味体验,从基础外形到附加的内涵"设计法则。以人为本的产品趣味性设计理念建立在体验设计、人性化设计等丰富的理论上,要求设计者更加关注人们深层次的情感心理层面的需求。

图 3-3　泰国 Qualy 花盆

日常生活用品只是趣味性设计研究的一个载体，其研究可在理论上对实践设计起到行之有效的指导作用。著名的"产品设计之父"雷蒙德·罗维曾经说过："我寻求一种强烈的视觉震撼力，令人即便是短短一瞥，也能留下深刻的印象；我更关心它们在人们心中的感受。"由此可以看出，关注产品深层次的趣味性给人们带来的心理精神层面的体验具有一定的必要性。

第三节　情境性设计

相对于实用性设计方法，情境性设计方法更多将侧重点放在对产品的"精神意境"的塑造上。采用情境性设计的产品在不使用时可被当作工艺品，供人从观赏性的角度体会产品营造的氛围；在使用时，产品的意义通过操作方式从行为到心境再到精神逐步向使用者渗透。这类产品中，最具有代表性的为表现茶道、香道和花道的产品。图3-4所示为洛可可设计的"高山流水"系列产品，寓意为通过香道去营造山水意境、体悟人生哲学。

在产品设计中，场景是指用户与产品交互时由环境、产品和用户组成的集成系统。场景研究是指通过情景、环境、产品以及人与此三者之间的关系来研究未来产品的使用。产品设计中，场景研究的目的是在场景的各个因素之间找到平衡点，设计出真正满足用户需求的产品，优化用户体验。

一、从现场观察中理解用户

用户行为有其特殊性，其背后的因素是非常复杂的。仅通过问卷调查，很难获得用户行为真正的动机、目的和情感。当我们想要理解用户行为时，我们只有亲身体验用户的使用过程，观察、自我理解用户的情绪变化，才能真正理解用户，把握用户的痛点或需求等。因此，在新产品开发过程中，可综合运用跟踪和调查目标用户、信息收集、场景记录、场景仿真等研究方法。

图3-4　"高山流水"系列产品（洛可可设计）

二、从场景中挖掘需求

长期以来,设计者往往认为产品与用户的关系只存在于产品的使用过程中。这种观点是片面的。一旦用户接触到产品,甚至还未开始使用,就已经开始了建立信任和情感共鸣这一过程。我们希望从场景中得到用户的潜在需求,而这类需求常常藏在用户的习惯和态度中。因为产品有时会为用户创建行为、习惯和需求标签,所以设置场景来描述用户的日常细节很有必要,可以帮助设计者理解用户的情绪变化,知晓与用户交流时应该采取的态度、用户的目标以及和用户交流的目标。相关功能和信息使设计者能够发现产品与用户之间可能的交互点,从而合理地定义产品与用户的关系,并使产品融入用户的生活。同时,从场景中挖掘需求的方法也可以避免设计者在设计新产品时由于现有的设计经验缺乏设计不完整,或在考虑不充分的情况下给用户带来其他潜在问题。

三、提炼核心需求以定义产品

完成需求挖掘后有必要对收集到的不同用户意图和需求进行总结和提炼。用户往往根据自己的喜好希望产品具有某种特定的属性,但设计者通常不能这样做,因为大众消费品必须满足大多数人的需求,太过具体的需求只能满足小众群体。所以,设计师需要升华和提炼直观的细节,找出背后的深层原因,通过一种或多种表达方式来实现多样化的需求,并选择最佳的解决方案来满足用户的核心需求,完成产品设计定义。

四、在场景中对产品进行测试与验证

在完成产品定义之后,设计人员需要验证定义是否正确,然后使用关键路径场景方法。关键路径脚本描述的是一个虚构的场景,通过设计场景,目标用户可以体验到产品设计的重要功能,然后通过猜测用户行为来验证设计假设的合理性。这种方法的优点是,在设计假设开始时,可以以较低的成本消除一些不可能的需求,从而提高设计者的效率。不仅如此,设计者还可以在脚本中设想更多的可能性加以充分考虑,以提高设计完成度。

第四节 故事性设计

文创产品的故事性设计是指设计者常用"讲故事"的方法来体现文创产品内涵特征,让消费者产生心灵的共鸣,这是文创产品设计较为常用的设计方法之一。要讲好产品设计中的故事,需要发现产品的"笑点""萌点""科技点"等,通过一定的"梗"和受众进行沟通。

进行故事性设计,需要充分挖掘产品的文化背景(可以是特殊的产地、非遗文化、历史溯源、优良工艺、严格的制造过程等,也可以是非遗手工艺者或设计师的独特情怀),同时诉说关于产品的故事,并且告诉受众这些产品有趣、重要的一面。讲故事的文案架构必须合乎逻辑,有着开头、中间和结尾。设计师通常根据文化的重要性来安排文案中故事的先后,把最重要的文化特征放在标题或开头,带领读者在阅读文案的过程中从最重要的文化特色开始了解。(见图3-5)

图 3-5 "丝路揽胜图" 桌游设计

第五节 科技感设计

科技发展的速度惊人，虽然最新的科技并不总能让人在日常生活中接触到，但创造性形式的产生往往伴随着科技的发展进步及推广应用。这几年出现的全息影像慢慢地得以普及，人们甚至可以用简易的装置来达到全息影像效果；VR（虚拟现实）技术以及AR（增强现实）技术也在逐步渗入人们生活，利用VR和AR技术可增加并强化产品叙述性特点；更进一步发展出的7D技术通过光感、振动和摇晃等的使用营造出多维度场景，可完全模拟真实场景，让人仿佛身临其境。现在7D技术仅在大型博物馆或体验馆中使用，如果日后设计师能将7D技术应用于文创产业，必将突破时间、空间界限让人真切地感受到文化与历史的沉淀。设计师需要了解科技发展和应用的程度，必要时可利用科技的应用设计出符合时代要求的产品。图3-6所示为近年故宫文创产品的优秀代表作——故宫猫AR绘本。该文创产品的点睛之处在于，运用AR技术讲述文物故事。

创新设计方法并不只有以上几种，创新方法也不是单独运用的，需要基于传统设计方法或令多种方法相结合。设计师应采取多种设计方法对文创产品进行设计，使文创产品符合社会上绝大多数人的审美特点，被大多数人接受，达到最大范围的文化传播及教育的目的。

图 3-6 故宫猫 AR 绘本设计

第四章 主题性文创产品设计

第一节　非遗文创产品设计
第二节　博物馆文创产品设计
第三节　IP 文创产品设计
第四节　旅游文创产品设计

第一节　非遗文创产品设计

非遗即非物质文化遗产，主要是指那些非物质形态的、有艺术和历史价值的文化内容，是人类在社会历史实践过程中所创造的各种精神文化，如吉祥文化、传统工艺、戏曲、节令民俗等。

一、以吉祥文化为创意来源的文创产品设计

中国的吉祥文化源远流长，也和百姓的日常生活紧密相连。以吉祥文化为创意来源的文创产品设计是指，以共同的吉祥观为内涵，以传统民俗为形式，以传统民间工艺为手段，以吉祥物品、吉祥纹样、吉祥色彩为载体，共同组成表达人们祈福纳祥的美好愿景的语言。

从新石器时代陶器上的陶文"日"和"月"连成一圈组成的装饰纹样，到西安半坡出土的新石器时代彩陶上的多种形式的人面鱼纹，这些早期吉祥文化将图腾崇拜附于陶器之上，展现了原始先民的吉祥观，之后，这种吉祥观影响着整个中华民族的风俗习惯。

1. 吉祥文化的驱动作用

在中国人几千年的生活实践中，"吉"与"祥"这两个字就是一种情感驱动符号，驱使着消费者认同承载和附着着这种情感的产品，愿意购买相关的各种类型的文创产品，并在情感上驱动人们去感受产品中包含的文化创意设计。

在苏州桃花坞木刻年画中，最受游客喜爱的产品是《一团和气》。同"吉"字一样，"和"字也是吉祥文化元素中极能触动消费者情感的字。"和"代表着和气、和睦、和谐。古代思想家强调"以和为贵""和气致祥"，"和合二仙"象征着幸福。吉祥文化不单是其他传统文化推广的驱动力，同样也是地域文化的活化剂，让具有差异性的地域文化借助吉祥文化融入人们的生活，进而促进地区文化创意产业的发展。

2. 基于吉祥文化的文创产品设计

想要基于吉祥文化进行文创产品的设计必须先了解其语义和表达方式。吉祥文化的内容都不是直表其意，而是寄意于其他形象之中。寓意手法通常被归结为三类：一是象征，如石榴只是一种植物，因为其种子很多，所以象征着多子；二是谐音，如以具象的"蝠"表示"福"；三是表号，它既是某种形象的简略化，也是一种约定俗成的象征性代号，如由"八仙"的八件法宝组合而成的图案称为"暗八仙"。因此，基于吉祥文化的文创产品设计首先要从吉祥的表达方式入手，再结合恰当的载体进行创意设计，才能准确地传播包含吉祥文化在内的传统文化。（见图4-1、图4-2）

以行为为媒介完成吉祥表达的方式，一直存在于吉祥文化中。"千门万户曈曈日，总把新桃换旧符"，古人过年时贴春联、倒贴福字（寓意"福到"）就是以行为来表达吉祥的一种方式，也是吉祥观的体现。所以，当支付宝给贴福行为换了一种体验方式时，人们对这种体验活动非常热情，这种"贴福"活动因其更加贴近生活而广受欢迎。虽然仅应用谐音、图形符号也可以完成吉祥文化的应用，但是我们的设计不应局限在单一的载体之上，应使文创设计更贴近生活，更具有实用性。

图 4-1 "百鸟朝凤"系列文创设计

图 4-2 晴春蝶戏·花丝胸针

3. 吉祥文化应用在文创产品设计中的思考

吉祥文化以各种形式体现在我们的生活中,而且吉祥行为、吉祥物、吉祥图形三者之间并不是孤立存在的,它们彼此相融,以不同的形态与其他文化相融,以实物或虚拟的产品形式呈现在

人们的生活中。古代有"送瓜求子"的说法,这里送的"瓜"就是葫芦,送葫芦的行为构成一种祝愿,即祝愿对方的家族人丁兴旺。此外,葫芦本身就是一种吉祥物品,代表福禄,而葫芦的图案除了有子孙万代、多子多福的美好寓意外,还是"暗八仙"图案之一。人们在用葫芦的表达形式体现吉祥文化时,并不会刻意割裂这些吉祥寓意。要避免仅把吉祥文化当作装饰,而应使其在文创产品的设计应用过程中保留本身具有的深刻内涵。

二、以传统工艺为创意来源的文创产品设计

传统工艺指采用天然材料制作、具有鲜明的民族风格和地方特色的工艺种类和技艺,比如潍坊的风筝、天津的泥人张彩塑、苏州的苏绣以及不能以地域来划分的剪纸、漆艺、陶艺、扎染等,这些传统工艺是历史和文化的载体。现在,设计师也需要为这些传统工艺寻找合适的载体来进行创新设计,以传承其所承载的历史与文化。(见图4-3)

对于不同的传统工艺类别也要考虑其所具有的特点,使其与实际生活和用户需求结合起来,通过创意设计赋予其新的生命力。

1. 剪纸

作为非物质文化遗产之一的剪纸,是中华民族非常普及的民间工艺和装饰艺术形式。南北朝墓葬中的团花剪纸常被认为是目前发现的最早的剪纸实物,也有部分学者认为汉唐妇女贴在鬓角处的方胜(金银箔制成)或许是剪纸的更早起源。

作为一种传统工艺,剪纸的生命力和形式都随着时代的变迁而变化,越来越丰富的纸张种类和机器雕刻工艺的发展,使得剪纸的形式和功能有了扩展。这是社会的需求,也是现代人们日常生活的需求,剪纸和民俗是息息相关的。任何一种艺术门类都不可能仅仅靠国家保护而传播,只有与社会的需求进行结合才能历久弥新。

图4-3 阳新布贴背包设计

图 4-4 纸雕灯设计

目前比较常见的以剪纸为主题的文创产品多围绕传统图形进行创作,以单层传统剪纸装饰画的形态呈现,装在各类镜框中,其传统性被保留得非常好:图形是大家喜闻乐见的传统图形,寓意吉祥,以大红色宣纸为材料。

此外,借助机器完成剪纸工艺的纸雕灯(见图 4-4)也是文创产品中比较常见的类型,它让剪纸工艺不再只有装饰性,而是具有了实用价值。在多层剪纸装饰画后加上 LED 灯带,可制成具有实用功能的台灯。

图 4-5 所示的是以端午节的传说和剪纸工艺为文化元素进行创意设计的纸雕灯,通过多层剪纸的图形组合讲述传说。端午节起源于中国,最初是上古先民以龙舟竞渡形式祭祀龙祖的节日。因传说战国时期的楚国诗人屈原在端午抱石跳汨罗江自尽,后来人们亦将端午节作为纪念屈原的节日;个别地方也有纪念伍子胥、曹娥等的说法。虽然剪纸工艺的镂空手法在图形表达上别具特色,但是空间感不强;当以多层剪纸的形式组合成完整构图时,既保留了剪纸的基本特征,也让画面层次丰富起来。

图 4-5 端午节纸雕灯设计

图 4-6　漆艺手机壳设计

对于剪纸这一历经千年的非物质文化遗产,还有更多创意形式可以应用在文创产品中,设计师可以运用其特有的魅力进行文创产品的设计,让更多的人了解剪纸艺术。

2. 漆艺

传统漆艺产品主要以艺术品的方式呈现。漆艺艺术品多针对高端市场,以艺术家个人风格为主体。受众群体的审美与欣赏水平的不同,决定了此类艺术品只能在小众群体内流行,其数量与市场限制了漆艺的推广。以此为鉴,设计者将漆艺运用在文创产品设计中时,要摆脱纯装饰性的约束,使产品融入人们的生活,尤其是年轻人的生活,让年轻消费者,即文创产品的主力消费群体,了解和接受漆艺语言的独特魅力,从而实现漆艺文化的推广,也为传统漆艺产业的再次发展开辟新的方向。

图 4-6 所示的是以漆艺视觉为基础进行创意设计的手机壳。首先,选取葫芦、花生等具有吉祥寓意的元素进行图案设计,然后主要运用蛋壳镶嵌手法完成肌理图案的制作(蛋壳自身的自然龟裂肌理富有亲切、朴素的美感,增加了漆艺的图案表现力),最后罩上透明漆。

3. 绞胎陶瓷

绞胎陶瓷是中国古代陶瓷装饰工艺中特殊的品种,由于工艺复杂、制作难度大,其产品类型和产量在很大程度上都受到了限制。早在唐代,古人就开始研究绞胎陶瓷,但是元代以后这种工艺便逐渐衰亡,直至现代,只有少数陶艺家对绞胎陶瓷做了初步的研究与探索。

绞胎陶瓷通常是用两种不同颜色的瓷土,像拧麻花一样将它们拧在一起制成新泥料,再拉坯成型,或切成片状,最后浇一层透明釉烧制而成。由于绞揉方式不同,纹理变化亦无穷。因此,运用绞胎工艺制作而成的产品存在一定的偶然因素,每一次的作品都是孤品,都带着"世上唯此一件"的属性,存在不可复制性。绞胎工艺每次形成的纹样不定,有的像木材的年轮,有的像并列的羽毛,还有的像盛开的梅花等,这些精美的纹样给人们以变化万千之感。

图 4-7 所示的是以绞胎陶瓷和现代银饰相结合制作而成的项链,两者的结合实现了传统绞胎陶瓷文化的传播,亦创新了传统绞胎陶瓷的设计与运用,使其以一种新的形态出现,让年轻人有了喜欢上它的理由。以绞胎工艺制作成的每一件成品都要经过拉坯、打磨等几十道工序,充满着手作之美,最关键的是其独一无二。

严格来说,包含传统工艺的产品不一定就是文创产品,关键在于有没有对原有传统工艺的运用进行再设计。需要注意的是,创新并非标新立异、割裂传统,而是要在保证传统工艺的精髓和本质"不变味"的前提下推陈出新。

图 4-7 绞胎陶瓷项链

图 4-8 "泥想"非遗文创设计

基于非物质文化遗产进行设计的文创产品不局限于吉祥文化和传统工艺,与基于物质文化进行的文创产品设计相比较,它有着更广阔的形态创意空间,同时也增加了设计的难度,大多数情况下没有一个原形态进行参考。因此,基于非物质文化遗产进行设计的文创产品一定要抓住文化元素的精髓。(见图 4-8)

第二节　博物馆文创产品设计

2016年,以故宫文创为首的博物馆文创给整个博物馆文创产业带来契机。2016年5月11日,文化部、国家发展改革委、财政部、国家文物局《关于推动文化文物单位文化创意产品开发的若干

意见》的出台,更是给了博物馆文创强大的助力。目前,国内已有数千家博物馆、美术馆、纪念馆围绕自己的馆藏产品进行文创衍生品的开发,其中,故宫文创可谓是"人气之王",也是博物馆文创产业的引领者。

一、故宫文创

说起故宫文创,2013年中国台北故宫博物院曾出过一款"爆款"产品——"朕知道了"纸胶带,如图4-9所示。产品以康熙朱批"朕知道了"为文化元素,以纸胶带为载体。如此简单的产品,既没有特殊的造型,也没有新奇的功能,仅因为有趣而受到网友的喜爱。也许这件衍生品的走红与清宫戏的爆红不无关联,这也证明了"让产品具有故事性"是文创产品有别于旅游纪念品的一个重要因素,也是吸引游客以外的消费群体的决定因素。

"朕知道了"纸胶带上的字样来自清朝皇帝康熙批阅奏折时的手书真迹。在这款产品背后据说有着这样一个故事。康熙四十九年的十一月三日,江宁织造曹寅给康熙上了一道谢恩的奏折,感谢康熙对自己病情的关心。之后康熙在此道奏折上写道:"知道了。惟疥不宜服药,倘毒入内,后来恐成大麻风症。出海水之外,千方不能治。小心!小心!土茯苓可以代茶,常常吃去亦好。"康熙皇帝此则朱批的书写不是偶然,是因为他好医学且懂些处方,除了在宫中制药赏赐臣工外,也经常通过朱批奏折关怀臣子身体。曹寅这则谢恩折中,提到自己因风寒误服人参,得解后又患疥卧病两月余,前蒙恩命服"地黄汤"等,得以痊愈。而现在又蒙恩命以"土茯苓"代茶服。

这个久远的故事,因为一个小物品得以重现,设计者的初衷是"希望古文物、字画上的图案能以更有趣的方式存在于生活里","有趣"不正是文化传递的最好媒介吗?

在众多的故宫文创产品中,还有一款特殊的产品,很难把它归到特定的种类中,也很难界定它的作用,它就是《谜宫·如意琳琅图籍》,如图4-10所示。故宫博物院给它的属性定位是"创意互动解谜书"。单从外观上看,它就像一本普通的书,但又不是传统意义上的只通过阅读即可获得知识的书,而是以文字阅读体验为基础、借助手机实现互动的解谜游戏书,用户借助实体书、智能手机和配套的线索道具,不仅可以了解到故宫的故事,还能左右剧情、决定主人公的命运。本书的供不应求说明:听故事谁都喜欢,就看设计师能不能讲好这个故事,讲不好用户是不会买单的。

图4-9 "朕知道了"纸胶带

图 4-10 《谜宫·如意琳琅图籍》

也许和清宫戏的频频热播有关,再加上产品的创意性和实用性都尚佳,故宫文创产品的走红也就成了水到渠成的事情。尽管清宫戏的热播让消费者内心先有了和产品关联的故事梗概,进而更容易喜欢上产品,但是如果文创产品本身不能和故事融合得天衣无缝,或不能真正表达中国传统文化的精髓,也未必能让消费者认可。

2013 年,故宫博物院对围绕故宫 IP 开发的文创产品提出了"三要素"原则,即元素性、故事性和传承性。元素性是指所有文创产品必须突出故宫的元素;故事性是指产品要能讲出其背后的故事;传承性是指产品以传播优秀的中国传统文化为出发点,让其与现代人的生活对接,从而让人感受并接受这种文化。元素性代表着文化本身,故事性代表着文化表达方式的多样性,传承性代表着文创产品被设计的目的。

所以,设计趣味文化不是目的,而是一种创意手段,通过这种方式,借由故事带来的"流量",实现有效的文化表达和传承。尤其要注意的是,趣味文化应是健康、积极向上的,这也是博物馆文创产品的核心价值。虽然众口难调,各类消费群体对产品体现的文化的需求程度不一样,如有对历史文化信息的准确性要求较高的,也有只喜欢有趣产品的,但作为设计者,我们应牢记文创产品设计的初衷。

博物馆作为优秀传统文化的传播空间,其很重要的功能就在于提升公众的审美力及其对文化的深层认知。

近年来,随着故宫博物院和北京广播电视台出品的文化节目《上新了·故宫》的播放以及故宫博物院对文化创意产品的大力推广,故宫博物院的文化创意产品逐渐被大众所关注,从纸胶带、翠玉白菜晴雨伞到朝珠耳机,等等,其独有的创意设计也与人们的生活紧密相连。故宫文创产品特征和设计思维不只是在创意层面上有较好的体现,更难得的是它沿着故宫五千年历史脉络,发掘出深藏的"故宫文化"元素作为传播载体并且不断发展。(见图 4-11)

故宫博物院在开创文化产品上走在前列,深度挖掘丰富的明清皇家文化元素,基于有五千年历史的故宫建筑、故宫的文物以及背后的故事,融合现代人喜欢的时尚表达理念,最终打造出具有故宫文化内涵、具有鲜明时代特征、贴近群众实际需求、深受消费者喜爱的故宫元素文创产品。故宫作为正宗、浓厚的"中国风"代表,可以挖掘的中国元素不计其数。故宫博物院在如何运用"故宫大 IP"上从细节之处做设计。正如原故宫博物院院长单霁翔所说,故宫博物院文创设计理念为:①不是简单复制藏品,而是研究今天人们需要的信息和生活需求;②挖掘藏品内涵,寻求与今天社会生活的对接,用文化影响人们的生活;③不断追踪使用先进的科学技术手段,追寻无限远的传播能力。正是有这些理念作为支撑,其产品的设计、创意的出发点都是:顺应市场需求,完全符合消费者的预期。(见图 4-12)

图 4-11　故宫太子杯

图 4-12　手工皮具小物包

虽然像《上新了·故宫》这种先讲故事再设计产品的方式不能推广到所有文创产品设计上，但是我们依旧可以在故宫文创商店内发现不少能透过产品本身看到背后的文化元素以及故事的产品。

图 4-13 所示的是一款仙寿吉祥便笺本。纹饰取材于故宫所藏灵仙竹平金团寿字纹棉氅衣。该棉氅衣为清代皇太后或皇后冬天穿用的便服，锦缎上彩绣簇簇水仙，间饰灵芝，图案左右对称，花纹大方，疏朗有致，色彩华丽脱俗，尤显得皇家御用服饰的端庄雅致。仙寿书画便笺内页延续传统信笺的书写形式，并融入现代设计，为柔软的便笺加以硬质外壳，配以如意云头琉璃珠，更加便携实用。

清·灵仙竹平金团寿字纹棉氅衣

图 4-13　仙寿吉祥便笺本

　　讲好故事的最终目的还是传播文化、传承文化。从上述各类文创产品中可以看到，故宫博物院在研发文创产品时会从不同年龄、不同消费能力人群的差异中找到文化需求，让文创产品的消费档次和风格都有所区分，既有纸胶带、鼠标垫这类价格不高的文化生活用品，也有陶瓷器皿、真丝衣饰这种极有中国特色、可作为礼物赠送友人的文创产品，还有日晷时钟和《谜宫·如意琳琅图籍》这类值得故宫文化爱好者收藏的产品。

故宫文创产品的火爆,得益于故宫丰富的文化资源以及独具匠心的文化创意。首先,故宫博物院文创产品最大的优势就是用文物作为支撑。故宫有文物180余万件(套),有25类可移动文物以及古建筑群,这是故宫文创产品研发基础,也是一个核心内容。其次,对于每一件文创产品,创作团队都会仔细打磨、精心研发,在整个过程当中坚持品质不妥协。最后,故宫文创在创意设计上力求贴近人民群众生活以及跟时尚相结合。这些特点才使故宫文创呈现给我们的是富有历史性、知识性、艺术性、生活性、时尚性、趣味性等多元化融合的产品。

二、苏州博物馆文创

对比故宫从建筑到文创产品都是满满的宫廷气息,苏州博物馆从建筑到产品则都是两个字——"文艺"。百年来,明清两代苏州文人所创造的以"精细秀雅"为特色的苏州文化渗透进苏州的方方面面,也吸引着众多游客,苏州博物馆亦是以文雅为主打风格,如图4-14所示。

苏州博物馆旁是四大名园之一的拙政园,馆内一部分还是太平天国时期的忠王府,向南步行五分钟就是狮子林。贝聿铭的设计让苏州博物馆建筑成为文创产品的设计元素之一,开创了国内博物馆建筑成为文创亮点的先河,并衍生出一系列文创产品。图4-15所示的是以苏州博物馆建筑为设计元素的夜光书签。

图4-14 苏州博物馆

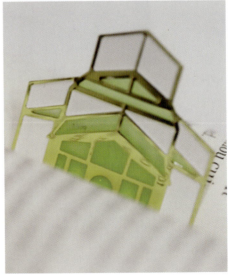

图4-15 夜光书签

在苏州博物馆文创产品中极受参观者欢迎的一款是由"镇馆之宝"秘色瓷莲花碗衍生出的秘色莲花杯和抹茶曲奇,如图4-16所示。

在秘色瓷莲花碗这件文物背后有着与秘色瓷和莲花两个文化元素相关的故事。秘色瓷莲花碗是越窑青瓷中的代表作,称得上是秘色瓷中的稀有作品,也是苏州博物馆三件国宝文物之一。秘色瓷始烧于唐、五代和北宋初期,其技术难度较大。五代时吴越王钱氏建国,在浙江上林湖置官监窑烧制青瓷,并将其列为宫廷供品,庶臣不能使用。整个秘色瓷莲花碗以莲花为造型,由碗和盏托两部分组成,釉层厚且通体一致、光洁如玉,如宁静的湖水一般清澈碧绿,恰似一朵盛开的莲花。莲花历来被人们赋予出淤泥而不染的君子美德。随着佛教的发展,莲花被赋予了更多的内涵,并成为佛教艺术的主要题材之一。这件秘色瓷莲花碗不仅是一件精美的瓷器,同时也是一件境界极高的创意产品,艺术与佛法被完美地融合在一起。

秘色莲花杯和抹茶曲奇之所以被众人所喜爱,除了原型文物本身是苏州博物馆的"镇馆之宝"外,与其"平易近人"的价格和中国人"民以食为天"的信条不无关系。食品也是文创设计中的一个非常接地气的产品载体。

图4-16 秘色莲花杯和抹茶曲奇

仔细观察苏州博物馆中的众多文创产品,大多是和地域紧密结合、围绕着"吴门四家"进行设计的。"吴门四家"也称"明四家",分别是沈周、文徵明、唐寅和仇英,这也是苏州文化的重要名片。此四人的画作对后世影响极大,也为文创产品设计提供了非常丰富、直观的视觉素材。

如果说乾隆的"带货"能力在故宫是排第一位的,那么唐寅的"带货"能力在苏州博物馆就是独一无二的。在"明四家"中大家最为熟悉的就是唐寅(唐伯虎),虽然他的画作不是人人都欣赏,但是"唐伯虎点秋香"的故事大家都耳熟能详。所以,以唐寅为文化元素开发的文创产品的品类虽不算多么特别,都是些最为常见的明信片(见图4-17)、笔记本、手机壳、书签、文件夹等,却也自成特色,十分实用,颇受消费者的喜爱。

也许是因为苏州本身就是座文艺的城市,苏州博物馆的文创产品只要和苏州的文化元素一沾边就立刻变得文艺起来。无论是沈周玉兰缂丝真皮钱包,还是"明四家"彩墨限量珍藏套装墨水,或是"文徵明特展"中的衡山杯,消费者都能从中感受到浓郁的文艺气息,虽然载体本身都是非常实用的产品,但是往往只在特定场景下才会用到。比如沈周玉兰缂丝真皮钱包,钱包本身是实用的东西,但是缂丝的金贵让我们用起来不由得小心翼翼;再比如图4-18所示的"明四家"彩墨限量珍藏套装墨水,光是四色不同的墨水名称就雅致、文艺到了极点,产品具有染料墨水的渐变与流丽,配上唐寅的"桃花一梦"信笺,让我们仿佛也成了桃花树下的桃花仙。

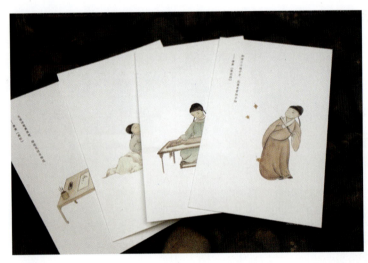

图4-17　唐寅六如琴酒诗画创意古风旅行纪念品明信片

图4-18　"明四家"彩墨限量珍藏套装墨水

图 4-19 文衡山先生手植紫藤种子

苏州博物馆销售过的最文艺也是最令人瞠目结舌的产品就是文衡山先生手植紫藤的种子，如图 4-19 所示。售卖的紫藤种子源自苏州博物馆内一棵由文徵明亲自栽种、有 500 多年历史的紫藤树，这是其他博物馆无法模仿的"独一无二"的产品。虽然它的实用性几乎为零，但苏州博物馆卖的就是故事，消费者买的也只是情怀。每年紫藤会结出约 5000 颗种子，设计师会从中挑出 3000 颗，文创产品一盒含 3 颗种子，每年限量 1000 份，往往在预售时便被一抢而空。文徵明作为明代画坛的领军人物，赋予这颗百年古树不一样的情怀，其种子因此便有了一种苏州文脉延续和象征的寓意，消费者通过获得种子有一种思接千载的感觉，仿佛穿越回《姑苏繁华图》中的那个"姑苏"。文徵明手植紫藤这一故事也衍生出一些实用产品，如首饰（见图 4-20）、口罩等。

图 4-20 文衡山先生手植紫藤耳饰

"明四家"有着说不完的故事,也有着用不完的文化元素。2019年初,苏州博物馆还与天猫新文创跨界合作"唐伯虎春日现代游",利用苏州博物馆的建筑外观及四大才子的人物形象,以春游穿越之旅为主题,设计出以2019年春茶为主打的产品,分别是桃花流水之间、穿越时空之间、诗情画意之间、山水画卷之间四大主题,衍生出10款不同类别的产品。同时,苏州博物馆还精心策划了一场为期6天的"明代才子茶派对",不仅有产品的体验还有场景的体验。所以说,文创产品并不一定是有形的,还能以"有形+无形"的方式存在。

在苏州博物馆众多的以茶为主题的文创产品中,有一款既价格亲民又十分雅致有趣的茶包——唐寅茶包,如图4-21所示。茶包上的唐寅成了一个潇洒风流中有一点呆萌的江南文人,似乎和周星驰主演的影片《唐伯虎点秋香》里的形象重合了。在影片中,唐寅有这样一句台词:"别人笑我太疯癫,我笑他人看不穿。"这似乎就是众人想象中唐寅的样子。豆瓣上对于产品的评论是这样的:"好可爱啊。颓废又可爱的调调,让人不忍去泡。感觉和每日的工作十分搭配。茶叶包装竟能如此萌!'江南第一才子'醉倒在茶杯。"

图4-21 唐寅创意袋装茶包

唐寅和他的朋友祝枝山、文徵明、徐祯卿合为"江南四大才子",都很喜欢喝茶,并留下了不少关于茶的"茶画"和"茶字",其中尤以唐寅的《事茗图》和文徵明的《惠山茶会记》最为出名。唐寅在《事茗图》中的题诗标示了"文人茶"的境界:"日长何所事,茗碗自赏持。"茶不仅是一种饮料,更是一种生活方式。苏州博物馆换了种文艺的方式,随礼盒附赠《唐伯虎小传》,让消费者再次跨越时空感受"文人雅集,醉卧风流"之趣。

三、敦煌研究院文创

敦煌研究院是我国拥有世界文化遗产数量最多的博物馆,也是一个特别的存在,如图4-22所示。如果说一般的博物馆开发文创产品都是为了寻求载体传播文化,让文化融入人们的生活中,那敦煌研究院文创产品的开发就是为了原汁原味地将世界文化瑰宝"永久保存、永续利用"。

由于馆藏展品的特殊性,就算游客到了敦煌研究院也不一定能看到所有的洞窟和壁画。为了让更多的人看到敦煌的独一无二的壁画,敦煌石窟壁画经过20多年的数字开发,已完成150个洞窟的数字化采集,120个洞窟的结构扫描,60多个洞窟整窟数字化处理,以及110个360°虚拟漫游全景节目等。(见图4-23、图4-24)

图4-22　敦煌研究院

图4-23　敦煌研究院官网数字信息检索

图 4-24　敦煌莫高窟全景漫游

敦煌文化以及丝绸之路西段的发展历程带来了以壁画、经卷、佛教、西域文化为元素的故事。在众多的故事中,令人最想探究的是敦煌莫高窟的形成和发展过程,以及它掩埋在黄沙中百年后又是如何被发现的,而这是一个有着一千多年历史的故事。这个故事通过情境融入式演出——《又见敦煌》得以重新展现,成为一种无形的文创产品。(见图 4-25、图 4-26)

图 4-25　橡皮章设计

图 4-26 冰箱贴设计

在这些商品中,比较有特色的要数"壁上花开"瓷砖贴了,如图 4-27 所示。敦煌莫高窟的壁画充满了静寂、神秘的色彩,带有一种西域佛教的意境和风格,巴掌大小的文创产品通常并不能很好地传达这种需要一定空间才能营造出的文化内容。而这款瓷砖贴从敦煌莫高窟的多个洞窟中提取纹样元素,借助瓷砖贴这一载体,使消费者可以根据自己的喜好装饰家中的墙面。四种不同的图案,在不同的空间,经由不同的人,可营造出不同的意境,让每个人在自己的家中都能"幻化"出曾经去过或者没去过的那个敦煌。不同洞窟中的文化元素通过不同的空间再次透露和传达出敦煌文化的深刻内涵。"壁上花开"瓷砖贴是一件能够与消费者互动的文创产品,是一件元素与载体高度匹配的文创产品,从而让文化的传达变得准确而简单。

虽然我们可以用画册的方式替代《又见敦煌》讲述敦煌的故事,也可以用最简单的纸胶带再次绘出洞窟中的壁画,但是从《又见敦煌》到"壁上花开",每一个故事传达的方式、元素运用的载体似乎都刚刚好。

图 4-27 "壁上花开"瓷砖贴

四、主题博物馆文创

除了众多带有地域特点的博物馆外,还有一类博物馆——主题博物馆。无论是古代的还是现代的,任何一种艺术类型或具有收藏价值的物品一般都会有相应的博物馆来收藏,如昆曲博物馆、剪纸博物馆、汽车博物馆等,而且类型还在不断增加。同样,众多的主题博物馆也纷纷推出了自己馆藏物品的衍生文创产品。

图4-28中的苏州御窑金砖博物馆算得上是一家"网红"博物馆。御窑金砖又称金砖,古时是指专供宫殿等重要建筑使用的一种高质量的铺地方砖,因其质地坚细,敲之若金属般铿然有声,故名金砖。苏州相城区陆慕自明初永乐帝时至清末的五百多年间,一直都是金砖的主要烧造采办地。在该博物馆院落内散布着几座老窑遗址。从全国范围来讲,古窑的发现数量也是比较多的,但能够称得上是御窑的古窑还是非常罕见的。

在博物馆的展示大厅中还原了紫禁城的太和殿、保和殿、中和殿等皇家宫殿的金砖铺设过程。参观的观众可以在博物馆交流中心付费体验金砖制作的流程。此外,在交流中心还售卖文创产品,除了常见的鼠标垫、手机壳、纪念笔记本、小吊坠等产品外,基本上都是和金砖有关的产品,比如花瓶、收纳器皿、砖雕摆件等。

主题博物馆推出的衍生文创产品基本上都和自身的主题紧密相关。如位于浙江省东阳市的中国木雕博物馆,它的衍生品以木艺制品居多;潍坊世界风筝博物馆的特色文创产品是为游客准备风筝的扎制材料和工具,让游客亲身体验扎制风筝的过程并亲手放飞;而在苏州状元文化博物馆祈求金榜题名大概是家有考生的游客最想做的事了,游客可以将"金榜题名"的愿望写在木牌上,然后将其悬挂在馆内专门为游客准备的木架上,沾沾状元们的"运气",如图4-29所示。

图4-28 苏州御窑金砖博物馆

图 4-29　文创产品"金榜题名"木牌及悬挂木架

五、国内博物馆文创产品现状

从全国范围来看,故宫文创等博物馆文创产品的火爆只是"个别现象",大部分国内博物馆的文创产品还停留在钥匙扣、书签、抱枕等纪念品销售的初级阶段,并且同质化严重。

文创产品的设计核心是创意,缺乏创意的设计是无法吸引消费者的;文创产品的基础是文化,只将馆藏文物中的文化元素"贴"在钥匙扣、书签、抱枕等载体上是无法准确传达文化内涵的。

一件好的博物馆文创产品究竟是怎样的？有专家认为:未来博物馆将成为公共创意的中心,而博物馆文创产业将会是一种针对博物馆的人文体验,通过好的博物馆文创产品可以将博物馆的记忆长久贮存。可以说,我国的博物馆文创行业还处在初级阶段,但是其前景十分广阔。

随着博物馆文创产业的发展与文创产品的热销,博物馆文创设计比赛也举办得越来越频繁。但是,很多参赛者在设计的过程中并没有很好地解读文物,也没有了解其文化内涵,只是将各种元素简单地拼接在一起,这样的设计非但不能传播文化,还可能导致民众对相关历史文化产生误解。

当然,如果设计师仅将源于文化内容的原始图形"原汁原味"地应用在载体上,那就谈不上是创意设计。此外,文创设计应用的载体还不能脱离消费者的日常生活,否则就会影响文化传播的效果。

所以,文创产品设计师不但要提升自己的文化解读能力和转化能力,避免让设计只停留在文化的表层认识上,还要了解市场,了解各个层级消费群体的多元化购买诉求。

第三节　IP 文创产品设计

如果说,由传统文化和博物馆文物主导的文创产品所讲述的故事是单集精彩大片,那么基于某个文化主题打造文化 IP,就是要以此为元素讲述系列故事,IP 就是这个系列故事中的主角。

图 4-30　故宫猫文创产品书签、杯子

现在几乎所有的文创产品都在借助或者创造 IP 以延长其所衍生的系列文创产品的生命周期，文创产品几乎到了"一切皆 IP"的时代。这样的现状离不开自媒体的快速发展，大家都在借助自媒体讲故事，只要故事讲得好，各种 IP 都可以被炒作起来。网络剧、畅销书、网红等各领域都有 IP 出现，在这之中，博物馆文创也有博物馆的 IP。

让我们再聊一下前文提到过的那只故宫猫，这只猫获得了 2016 年中国旅游商品大赛金奖。设计师以故宫猫为 IP 衍生出一系列灵动、可爱的文创产品，如图 4-30 所示。故宫猫被广泛用于书签、抱枕、水杯、手机壳、冰箱贴等日常用品之中，并且它还可以延伸到其他业态，比如大电影、美术绘本等。

一、从"IP"到"文化 IP"

IP 究竟是什么？IP 原本是"intellectual property"的缩写，即知识产权。而现在它有了新的定义：特指一种文化之间的连接融合，有着高辨识度、自带流量、强变现穿透的能力。我们将这种长变现周期的文化符号称为"文化 IP"。因此，文化 IP 也从最早的文学、动漫和影视作品延伸到传统文化等其他领域。

除了故宫的包括故宫猫在内的一系列 IP 及其本身这一超级 IP 外，苏州博物馆的"吴门四家"、陕西历史博物馆的"唐妞"、敦煌研究院的"飞天"都算得上是各大博物馆重点开发的文化 IP，这些文化 IP 都可以在几大博物馆的网店首页迅速搜索到相应的标题或衍生文创产品。

再如阿狸表情包、故宫的宫廷娃娃等均已成为文化 IP。文化 IP 的基础是文化内容，并且各 IP 以其优质的原创内容或文化元素的重构聚合了一批初代粉丝，通过衍生成影视剧、游戏、文创产品等方式使粉丝群体数量呈指数级增长，同时反哺原始文化 IP。两者形成相互支撑、相互融合的生态链条，最终文化 IP 价值得以转换、变现、放大和生态化。

二、文化是基础

"IP"这个词刚出现的时候，有些人认为 IP 仅是一部小说、一部电影或一个人，其实这些只是 IP 的输出方式。IP 自带流量，是以具象化形象为载体的感情寄托。不同国家的文化各不相同，因此流行的文化IP也会不同。IP形象只是外在的形式，IP本身包含的文化内容中的故事与元素才是基础。

高髻蛾眉、面如满月、体态丰满、宽袖长裙，漫画人物"唐妞"一出现，就迅速获得了人们的喜爱。与其说人们喜爱她的外在形象，不如说人们喜欢的是以中华传统文化为魂、以唐朝侍女俑为原型打造的原创IP形象。图4-31所示的是以"唐妞"这一原创IP形象衍生出的各类文创产品。

在2019年青岛国际版权交易会蓝谷IP国际高峰论坛上，"唐妞"的创作者介绍到，"唐妞"的出现始于讲好唐文化故事的目的，最终从陕西历史博物馆收藏的文物中选定了唐朝的侍女俑，从中提炼元素，使其成为更可爱、更萌的Q版"唐妞"，同时也保留了中国传统国画的特色。现在，"唐妞"已成为陕西历史博物馆的形象代言人之一。

图4-31 "唐妞"形象衍生出的各类文创产品

支撑"唐妞"这个 IP 形象的是唐文化，从 2019 年影视剧《长安十二时辰》的爆红就可以看到，人们更在乎影视剧背后的历史故事和文化。《长安十二时辰》带我们走进唐玄宗统治下繁荣昌盛的时期，剧中的十二时辰环环相扣，步步惊心。而"唐妞"同样是有着深厚历史文化背景、融合西安十三朝古都历史文化底蕴的一个原创且独特的卡通人物，以历史情感为切入点吸引消费者。如果说"唐妞"IP 所衍生出的一系列文创产品是一个个小故事，那后续的《唐妞丝路日记》《唐妞说长安》《唐妞说日常漫画》《唐妞的二十四节气》《唐妞读唐诗》就是以"唐妞"这一形象为故事主角开启的一系列精彩大片。可以看到，这一系列的文创内容都是围绕着与唐文化相关的元素展开的，这也是"唐妞"IP 衍生出的所有文创产品的基础。

同样是人物 IP 形象，体态俏丽、善于歌舞、翱翔天空的敦煌飞天 IP 形象所象征的则是向往自由、勇于探索、超越自然，以及一种积极向上的美学基调。此外，飞天还包含佛教因素并蕴含"天人合一，和谐发展"的哲学思想。由其衍生出的文创产品中最吸引消费者的是其蕴含的独特美学元素。图 4-32 所示的是"一带一路画敦煌"系列涂色书，全书共四册，以敦煌飞天为主题，内附半透明硫酸纸和罕见壁画影像。书的左页是真迹影像，可以用临拓古法描摹壁画，也可以在右页对应的黑白线稿上涂色。

兵马俑被誉为世界第八大奇迹和 20 世纪考古史上的伟大发现之一，并被列入世界文化遗产名录。说起秦朝，很容易让人联想到"强大"二字，历经商鞅变法后的秦国拥有了强大的经济实力，远交近攻的战略加上良臣杰士，以及一路所向披靡的秦国军队，这些无疑都是秦始皇兵马俑博物馆值得打造的 IP 形象，其中秦俑 IP 象征的是拥有钢铁般意志的铁血战士。坚韧砥砺的秦人、秦国与冷暖相伴的大秦精神组成了真正的大秦帝国文化。这种文化，延续千年而不朽，在新时代里，依然指引着我们前进的道路，这也是秦俑 IP 吸引消费者的主要原因。图 4-33 所示的是由秦俑 IP 衍生出的文创产品手机壳。

图 4-32 "一带一路画敦煌"系列涂色书

图 4-33 秦俑 IP 文创手机壳设计

上海博物馆主打的 IP 是董其昌,其衍生出的文创产品主要是和书画有关的文具用品,这也是"董其昌"这个 IP 的文化来源。董其昌,松江华亭(今上海市)人,是明朝后期大臣,著名书画家,擅画山水,为华亭画派杰出代表,其画作及画论对明末清初画坛影响甚大。以董其昌书法作品和色彩鲜明的画作局部图为元素制作而成的文创产品,无论是复古风纸胶带,还是真丝材质的围巾,都力求表达出一种"妙在能合,神在能离"的境界。

相较于各大博物馆丰富的馆藏品,主题博物馆的 IP 内容就比较单一,甚至其中大部分博物馆对于自身的文化内容还没有进行相应 IP 的重构。

桃花坞原是苏州的一处地名,位于曹雪芹笔下的风流富贵之地——阊门内北城下,因桃花坞木刻年画曾集中在这一带生产而得名,与天津杨柳青木刻年画有"南桃北杨"之称。现在的桃花坞木刻年画博物馆依旧坐落在桃花坞,具体位置在市级文保单位朴园里。年画对于中国人来说有着浓浓的吉祥意味,桃花坞木刻年画中的桃花更是为这份吉祥添足了分量,因为桃在中国传统文化中充满了吉祥的寓意,民间百姓认为桃可以纳福避灾。在桃花坞木刻年画博物馆内也栽种了许多桃树,博物馆内小径上有鹅卵石铺就的"福寿双全",花园里有"和合二仙"石,此外,还在博物馆的特定场景内对年画的贴法进行了展示。商店里的是"招财进宝""开市大吉",寓意财源茂盛;客厅里的是"三星高照""八仙过海",寓意高朋满座;卧室里的是"花开富贵""早生贵子",寓意夫妻之间和和美美。

年画常常被局限在春节使用,只作为寓意吉祥如意的图案而出现。其实,真正了解年画后我们会发现,年画的故事生动有趣,又充满祝福的意味,完全可以衍生出众多可日常使用的文创产品。比如可以将八仙人物形象或者图 4-34 中"暗八仙"的纹样进行重新设计,然后以挂饰为载体,相信会和图 4-35 中的卡通挂饰一样受到青少年的喜爱。

图4-34 苏州桃花坞木版年画"暗八仙"纹样

图4-35 青少年喜欢的各种挂饰

虽然神像图腾、戏文故事、民间传说、风土人情、仕女儿童、花卉鸟兽等均能入画,也可衍生出有趣的文创产品,但一定要保持原先鲜艳夺目的色彩、丰满均衡的构图、明快简洁的线条与质朴生动的形象,这些都是基础。如果要像其他博物馆一样选一个最值得打造的IP形象,苏州桃花坞木刻年画博物馆首选的就是《一团和气》,如图4-36所示。

图 4-36　苏州桃花坞木刻年画博物馆《一团和气》年画

宋代朱熹《伊洛渊源录》卷三引《上蔡语录》："明道终日坐,如泥塑人,然接人浑是一团和气。"明代成化皇帝朱见深为强调皇室团结,以免萧墙之祸,特绘《一团和气》作为号召。在和气可亲之外又添进了"团结一致,和容相处"的含义,也是桃花坞年画《一团和气》的精髓。图 4-36 中的图案中央是头戴红花、扎羊角发髻、活泼天真、憨态可掬的笑脸,画中人身穿锦缎服饰,佩"长命富贵"银锁,手捧"和气吉祥"卷轴,给人喜气洋洋的感觉。图案整体呈圆形,寓意"团圆""圆满",表达了人们在新春佳节中盼望家庭和睦、生活幸福、诸事顺遂的美好愿望。《一团和气》是桃花坞年画中影响极深、流传很广的一幅传统佳作,也是桃花坞木刻年画的经典题材。

博物馆的 IP 可以比较容易地借助博物馆自身的流量招募到众多粉丝,在中国传统文化中也有众多内容值得并且可以进行转化。目前国内大部分的非博物馆原创、与中国传统文化相关的热门 IP 基本都是以影视剧为主。

从《花千骨》到《诛仙》等众多影视剧让更多人喜爱上了古风文化,渐渐形成各种古风主题的文化 IP。关于"古风"一词,在中国古籍中是指在当时社会已经逐渐衰弱或者濒临消失的某种风俗习惯,该词在《论语》中指前朝礼乐制度背后的风俗习惯和风骨精神。由此可见,对古风文化的追求在古代社会便有,表现的是某一历史时期人们对前朝社会文化和思想的追溯与传承。2005 年,由古风音乐逐渐发展的文化运动悄然萌生。随着传统文化的兴起与不断扩大以及后来仙侠小说的风靡,由此改编的影视剧被大众广泛接受,这一系列的发展促使古风文化的影响范围越来越广。古风文化的内容非常广泛,主要是指以弘扬中国传统文化为基调,以传承中华民族优秀精神为支撑,以音乐、小说、诗歌、服饰、绘本、影视剧、广播剧等为表现形式,结合传统艺术、文学、语言、色彩等诸多中国元素,不断磨合发展而来的一种表现中国传统文化的文化形式。

图 4-37　影视剧同款配饰

图 4-38　《花千骨》主题古风写真

《花千骨》《诛仙》《三生三世十里桃花》等仙侠剧吸引的是喜爱各种仙侠剧 IP 的消费群体，他们爱屋及乌地喜欢上了影视剧中的各种仙气飘飘的服装与配饰（见图 4-37），很多消费者也因此去拍摄了属于自己的古风写真，如图 4-38 所示。

电视剧《知否知否应是绿肥红瘦》就将我们带入了词意浓浓的宋朝，给我们上了一堂中国传统文化普及课。在这堂课中，通过点茶对茶道文化进行了简单的普及，除此之外，还有投壶、马球、插花、焚香，甚至曲水流觞、即兴赋诗等社交活动的介绍，伴随着这些行为文化我们也看到了精致的中国传统物质文化。这部电视剧中的中国传统文化元素非常多，是进行文创产品设计的巨大资源库。

三、创意是核心

靠着"电视剧同款"诞生的文创产品终究是少了分创意,并且产品也受到了道具设计之初所蕴含的文化内容准确性的影响。电视剧文化中的故事和元素是前史的遗存,很多已不符合当今潮流,因而文创设计时需对这种文化重新进行解读和创意的表达。

中国国家博物馆(以下简称国博)是中华文化的"祠堂"和"古庙",馆内收藏了140万余件藏品,独家藏品有人面鱼纹陶盆、大盂鼎、后母戊鼎、鹳鱼石斧图彩陶缸等,充分展现和见证了中华文明的灿烂辉煌与血脉绵延。国博针对这些珍贵的藏品提出了"把国宝文明带回家"的理念,对其进行深度挖掘,二次开发藏品的文化内容,使文创产品成为博物馆展览功能与教育功能的衍生品。图4-39所示的是国博文创商店内的文创产品。

国博可以开发的IP内容非常多,想让这么多的文化内容迅速走入人们的日常生活,IP授权合作是国博选择的方式,对于馆内的众多陶器、青铜器、瓷器、书画以及基于藏品二次开发的IP资源图库,通过授权实现了馆藏文物和文化元素与品牌的对接,同时也提升了品牌的文化价值。

2018年初,国博与肯德基合作,在国内18个城市设立了肯德基国宝主题店。17件精心甄选的国家级宝贝都被"请"进肯德基国宝主题店内。在苏州,消费者可以与《明宪宗元宵行乐图》畅谈意趣风华;在成都,可以偶遇诙谐幽默的击鼓说唱陶;在西安,可以与人面鱼纹陶盆诉说人与鱼的羁绊……人们一边吃一边聊历史和店内的国宝主题,瞬间觉得手中的鸡腿都"高大上"了无穷倍。除了在装修上体现主题,肯德基经典的全家桶也华丽变身为"国宝桶",桶的外包装上印刷了各种源自国博馆藏文物的吉祥图案,如福庆有余、万福如意、锦绣山河等。

通过文物及其衍生出的文创产品,消费者想要看到的是其内在的文化,并通过它们看到特定时代的样貌。《清明上河图3.0》高科技艺术互动展演不借助文物、不通过文创实物产品,同样可以让消费者看到北宋城市的宏大规模与气象。这是一场别样而精致的展览。《清明上河图3.0》展馆长约1600 m,共有《清明上河图》巨幅互动长卷、孙羊店沉浸剧场、虹桥球幕影院三个展厅,借助科技从各种维度最大化地营造观展的沉浸感和互动性。

在故宫的百万件文物中,《清明上河图》有着不可替代的国宝级地位,画卷中展示了北宋时期丰富的城市生活,如连续的茶楼、酒馆、餐厅与汴河上的拱桥;人们争相外出游玩或在城内工作、走动,行人中有绅士、仆役、作坊工人、说书艺人、理发匠、医生、看相算命者、贵家妇女、行脚僧人,以及顽皮儿童等。

图4-39 国博文创商店内的文创产品

图 4-40　动态的《姑苏繁华图》

无独有偶,借助特定技术展示的《姑苏繁华图》也为观众呈现出一个动态的、可以互动的清朝时期苏州繁华的社会面貌,如图 4-40 所示。《姑苏繁华图》以长卷形式和散点透视技法描绘了当时苏州"商贾辐辏,百货骈阗"的市井风情,是继宋代《清明上河图》后的又一宏伟长卷,全长 1225 cm,宽 35.8 cm,比《清明上河图》还长一倍多。

但是,新技术只是创意的手段,跨界合作也只是创意的展现方式,文化内容始终是第一位的,因为设计文创产品的最终目的是传承文化和传播文化。

第四节　旅游文创产品设计

2018 年是文旅融合元年,截至 12 月 14 日,全国 31 个省(市)文化和旅游厅(委)挂牌全部完成。2018 年年底,政府层面的文旅融合已经全面完成。文化是人类所创造的精神财富和物质财富的总和,并且具有一定的地理性、物质性、历史性、传承性,而旅游是实现文化传承和发展的载体。文化是旅游的灵魂,文化和旅游的结合生成了一种将人文旅游、社会旅游和自然旅游等相结合的流行新形式。这种新形式不仅可以带来令人身心愉悦的美景,同时也对经典文化资源所衍生出的旅游文创产品的创新性、独特性提出了更高的要求。

一、乌镇

在文旅融合的背景下,除了各种主题文化乐园,水乡文化无疑是江南地区最吸引人的一个旅游主题。江南的古镇很多,比较有名的有同里、周庄、西塘、南浔、甪直和乌镇。当乌镇率先创新性地把自己从水乡古镇打造成文化小镇之后,它和其他江南水乡之间的差别便一目了然了。到目前为止,它是江南古镇中保护性开发得最好的一个,也是旅游发展最快的一个。乌镇景区已不是单纯的观光游览区,而是一个集休闲度假、养生养老、文化创意于一体的国际休闲文化小镇,在完成 IP 重塑的同时也形成了一系列崭新的古镇旅游文创产品。

乌镇(见图 4-41)作为一个水乡古镇,是人们休闲度假、感受江南烟雨蒙蒙诗情画意之景的好去处。乌镇的特色产品涵盖了衣食住行,有草木染的衣物可穿、有乌镇果子可食、有乌酒可饮、有临水的客栈可住、有乌篷船可行。虽然乌镇本身作为一个水乡古镇的"大文创产品",给用户的体验非常好,但是具体到衣食住行的具体实物产品和其他水乡古镇的产品相比差异依然不是很大。

图 4-41 乌镇

图 4-42 沈家厅纪念品商店和"福鱼"T恤

1. 文创 IP

乌镇唯一区别于其他水乡古镇的文创系列产品是"乌镇福鱼"。在西栅大街的 348 号沈家厅纪念品商店里,游客可以找到那条"福鱼"。沈家厅纪念品商店是一家出售历届乌镇戏剧节的衍生产品以及乌镇特色文创产品的主题店铺,如图 4-42 所示。

"乌镇福鱼"是"大黄鸭之父"霍夫曼参考大黄鸭的设计理念设计的一件作品。"福鱼",应用中国吉祥文化中谐音的表达方法,即富裕。到了水乡怎能不"捕"一尾"福鱼"带回家?当"福鱼"被制作成一系列商品之后,这些商品自然就非常受欢迎了。"福鱼"这一 IP 成为乌镇第一个被系列化打造的形象,其也衍生出除 T 恤之外的手账本、手拎袋等文创产品形式,如图 4-43 所示。从"福鱼"系列产品中可以看到,古镇文创产品的开发要以古镇历史文化为魂,依托一定的物质载体,将文化融入其中,进行旅游开发,使得文化符号化,并通过特定的符号叙事语境形成特定的文创产品。

图 4-43 "福鱼"系列文创产品之福鱼手拎袋

2. 延续本身的物质文化遗产

乌镇作为一个有着1300多年历史的古镇,除了可以结合本身的特点创造新的 IP、衍生出旅游文创产品,还可以对原有的物质或非物质文化遗产进行旅游文创产品的开发。

乌镇的草木本色染坊位于西栅景区,前店后坊的模式沿用了之前乌镇人开店的模式,在这里可以看到蓝印花布传统印染工序。如果感兴趣,还可以在此体验染布的乐趣,做一块自己喜欢的蓝印花布。如果不想自己做,可以在前面的店铺(见图 4-44)中购买现成的包与衣服。染坊有着浓浓的江南味道和传统工艺特色,从纹样设计、花稿刻制、涂花版、拷花、染色、晒干都遵循着祖辈留下的工艺。晒场中高高的架子上挂着的蓝白色花布在阳光下看起来很美,如图 4-45 所示,以此为背景拍上一张美照已成为游客来此地能获得的不同于其他景点的特别体验。乌镇也将乌镇蓝印花布的这抹蓝色打造成为乌镇的一个特"色"。蓝印花布最初以蓝草为染料印染而成,是我国的传统民间工艺,距今已有1300多年历史。古籍《二仪实录》中记载:"缬,秦汉间始有。"缬,是印有花纹的丝织品。在宋代,蓝印花布工艺日趋成熟;明朝设有织染局,基本上垄断了织染业;直至清朝,民间染坊开始涌现。乌镇是蓝印花布的原产地之一,现在乌镇是仅存不多的蓝印花布产地。悠久的历史和作为仅存的产地之一,使得乌镇将其生产的蓝印花布打造成为自身的一个重要文化符号。各民宿门口的指示、小吃店内的桌布,还有女人头上的方巾等,在乌镇几乎随处都可看到蓝印花布元素,如图 4-46 所示。

图 4-44　西栅景区的草木本色染坊店铺

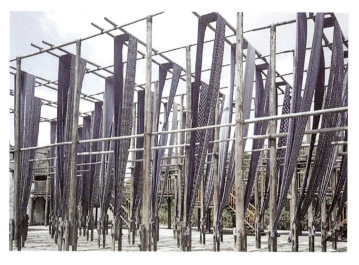

图 4-45 晒场

图 4-46 乌镇内各种蓝印花布文化元素

蓝印花布的原料土布及染料均来自乡村,工艺出自民间。旧时,浙江一带的农村家家户户都使用蓝印花布,窗帘、头巾、围裙、包袱、帐子、台布等都可以用它制作,其曾是人们不可或缺的生活元素。蓝印花布本身非常接地气的特色使其极其适合被重新设计,并再次融入消费者的日常生活中。在一些小店里也能看到以蓝印花布为文化元素设计的文创产品,如图 4-47 所示,比如手账,但是这种贴图式的传达方式比起带着土布特有质感的包、衣物等,对于游客的吸引力并不算大。

图 4-47 蓝印花布元素在布艺书和笔记本封面上的应用

3. 延续本身的非物质文化遗产

身处江南古镇,手里提着祈福的灯笼,如果还能穿上一套美丽的汉服,那便真的仿佛穿越回千年前的梦里水乡了。每年 10 月是乌镇的戏剧狂欢节,海内外的游客蜂拥而至,为的是体验戏剧氛围;西塘每年 11 月初都会聚集众多汉服爱好者,以体验中华传统服饰文化、礼仪文化。所以,独特的体验也是各主题乐园、景区能够带给消费者的独一无二的文创产品。

随着汉服越来越火,穿汉服出行的人也越来越多,很多人没勇气在大都市穿汉服出门,到有着古朴建筑的古镇体验一下汉服便成了不二之选。乌镇等水乡古镇都有汉服体验店,商家可以帮客人化妆、做造型,店里也有非常多的服装和发饰可供选择,还可以配上各种小道具,比如团扇、油纸伞、绣花鞋、汉服包等。

文旅的融合让人们在游览的同时不仅想要享受美景、美食,还有了对知识的渴求。很多汉服爱好者穿着汉服走在古镇中,有时会被误认为是穿了韩服,这从侧面反映了很多人对中华传统服饰的认识还不够。由于汉服价格较高,一般情况下并不容易将有关汉服的传统文化进行推广,但是汉服体验为汉服文化的传播提供了一个新途径。

二、拈花湾和东方盐湖城

如果说乌镇融合了各种文化元素,内容繁多,那么图 4-48 中的无锡拈花湾就是主题明确、内容统一的禅意文化主题景区。乌镇本身有着千年的历史,文化底蕴深厚,从物质文化到非物质文化都可以进行衍生文创产品的开发。但是,对于国内众多的类似拈花湾这样全新打造的度假小镇,给游客带来的旅游文创主要集中在与其自身主题相关的实物类文创产品和各种体验上,尤其是和小镇主题相关的体验上。

1. 心灵的体验

拈花湾的命名源于经典故事"拈花一笑"和小镇所在地块形似五叶莲花的神奇山水构造。其建筑风格设计源自唐朝时期的建筑结构,再融入江南小镇特有的水系,打造出一个将自然、人文与生活方式相融合的旅游度假目的地,让人们体验禅意生活,开创心灵度假的休闲旅游新模式。

类似的文化主题景区还有图 4-49 中的常州东方盐湖城。拈花湾是盛唐佛教主题,东方盐湖城则是魏晋道教主题。虽然两者风格略有差异,形式却较为相同,都是全新打造的主题休闲度假小镇,景区本身是一个"大旅游文创产品"。和乌镇一样,它们给消费者营造的是一种感觉:乌镇对应水乡古镇的温柔,拈花湾和东方盐湖城则分别对应盛唐佛家风格与魏晋道教风格的禅意。

图 4-48　无锡拈花湾

图 4-49 常州东方盐湖城

图 4-50 剪纸体验　　　　　　　　　图 4-51 画符体验

2. 动手的体验

有一类文创产品是各种文化体验,如陶艺、剪纸(见图 4-50)、抄经等,这在拈花湾和东方盐湖城两个景区差不多都是热门。但是由于"茅山道士"的高知名度和道家名山身份的缘故,在茅山脚下的东方盐湖城内画符(见图 4-51)会让人产生"正宗"的感觉,得到一份特殊的体验。

虽然剪纸体验与画符体验都只是一个过程,但是游客在体验后都会选择把自己剪完的图案和画好的符纸带回家。前者可以作为装饰品,后者则是祈福的物品。两者都需要以实物类的产品作为载体,前者使用红纸和装裱的镜框,后者使用空白符纸和布袋。

3. 归家后的回忆

还有一类文创是普通的实物文创,其中又可以分为两类:一类是结合景区主题文化内容衍生的产品;另一类则是景区自己打造的 IP 衍生产品。东方盐湖城景区主要围绕着道教的"符"开发设计文创产品,主要类别集中在挂饰、手机壳、书签等常见的种类,但是产品本身并没有结合地域特点,亦没有包含景区特有的文化符号,使得文创产品的吸引力大大减弱。2019 年 4 月"我就是逍遥派"首届东方盐湖城文创设计大赛作品征集活动启动,围绕"逍遥文化"和"东方盐湖城特色 IP"两大方向征集了众多文创作品,希望能设计出体现地方旅游特色与文化创意的融合产品。产品要求以东方盐湖城"逍遥游"的道家属性为出发点,或是根据茅山脚下的逍遥山镇、鹤发童颜心怀苍生的逍遥子、聪慧活泼的邻家女孩小慧等特色 IP 设计文创衍生产品。融入特定 IP 形象之后,东方盐湖城的文创产品也因拥有自己特定的语意而独具特色。就像乌镇的那抹蓝,在离去后成为记忆中的一个重要的符号;也像拈花湾很萌的小和尚,如图 4-52 所示,无论在景区内还是官方的 App 上都可以看见他,给人的印象十分深刻。

图 4-52　拈花湾的小和尚

第五章 文创产品设计的创作程序

第一节　设计主题确定
第二节　资料收集与整理
第三节　设计定位
第四节　设计深入
第五节　设计定稿

第一节　设计主题确定

设计主题是指文创设计核心的文化价值。基于主题实体的设计,需将一个主题贯穿始终,不论哪个阶段,从概念设计到建设指导再到具体运营,都需要贯彻主题。首先,在一切工作展开之前,必须制订一套清晰、完整的设计方案。设计是一项造物活动,在生活中随处可见充满了人类先进文化艺术的设计案例。确定设计主题是指设计师在明确设计任务后,结合设计要求,进行题材内容和表现形式及产品载体选择方面的准确性判断,就是明确为何而设计。

设计主题要涵盖设计项目研究背景、研发产品概念、设计元素的提取方向、设计产品的类别与销售对象。

图 5-1 所示为"微·上海"桌面文具套组设计,这样的设计在选题时已经点明设计的基本方向和设计范围,对于设计元素的提取也非常明确。该设计是一组以上海建筑为元素的桌面文具系列设计,把现实中巨大的建筑缩微放到很小的桌面上,形成了体积的反差,所以命名为"微·上海"。"微·上海"包含四种文具,即订书器、圆珠笔、转笔刀和磁铁图钉,它们都是日常工作中经常会用到的工具,所以实用性较强。同时,该设计更是一组很好的旅游纪念品,将它摆在家中,既能欣赏又具有实用价值。

图 5-1　"微·上海"桌面文具套组设计

与之类似,如图5-2所示,上海城市纪念品"微·上海"(4.0版)是一套以上海建筑为设计元素的水果工具,一共有四种工具,包括东方明珠榨汁器、上海环球金融中心削皮器、上海中心大厦水果刀及金茂大厦果汁杯,设计理念就是要把上海建筑带入我们的生活,依靠产品独特的外形,让使用者感受到上海的城市魅力。

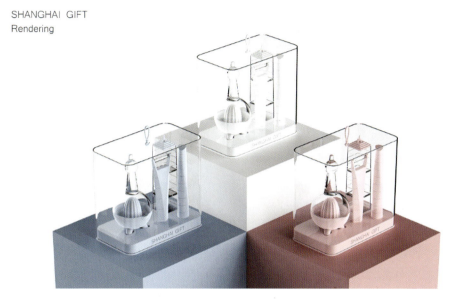

图5-2 "微·上海"(4.0版)水果工具套组设计

第二节　资料收集与整理

所谓资料收集,包括现有产品发展情况(造型、色彩、材质、采用的新工艺、新材料等)、市场调查(国内外同类产品的价格、市场销售情况、流行情况,不同地区、不同民族、不同年龄消费者对造型的关注程度等)、专利情况(外观、实用)、有关法律和法规等信息的收集。此时,市场调研就成了最重要的一步,设计的出发点、思路、定位都由目标市场确定。调研内容包括目标市场的调研、相关产品的调研和甲方企业内部相关情况的调研。

一、目标市场的调研

目标市场的调研包括消费者、销售地点、销售层次以及预想与实际之间差异性的调研。而消费者调研的项目有年龄、性别、职业、种族、国籍、宗教、收入、教育居住、购买力、社会地位、家庭结构、购买习惯、品牌忠实度等。销售地点从大范围上可分为国内、国外,也可分为城市、乡村、民族区域等;小范围上可划分为批发、零售、超市、普通商场等。销售层次调研主要是针对同一商品不同档次的呈现所达到的销售量进行统计。

二、相关产品的调研

相关产品的调研内容包括产品生产单位的名称和基本情况、产品的品名(有无标准字体)、产品所用的原材料及其特性、产品外观造型、色彩、生产工艺及加工精度、产品的用途及使用方法、产品的档次、产品竞争对手的情况和竞争措施等。

三、企业内部相关情况的调研

企业内部相关情况的调研包括营销业绩、各品类的价格范围、该品牌的中心价格以及商品结构等的调研。

资料收集完毕,应对其进行整理,将其转变成可行性实施方案。应对调研后获取的文字类、图片类、影像类等各种数据,以科学的方法开展一系列的整理分析工作,通过分析整理与创意构思,获取设计概念及设计元素,细化目标任务、分层信息结构等,得出文字性理论分析报告及设计意向草案,以确保调研材料的科学性和有效性,为新产品的设计研发奠定基础,更好地服务旅游经济的发展。同时,也需将收集整理的资料归档,便于日后查阅和使用。

第三节　设计定位

产品定位的概念广泛应用在产品营销领域中,就是把生产或销售的产品按照一定时期、一定范围、一定目标客户进行有目的的设计、生产、销售,使得商家能在饱和的市场上为自己的产品开辟出特有领地。产品的设计定位目的也就在于此,即促使设计以市场为导向,而不是以产品为导向,应根据即时市场或潜在市场需求定位。简单来说就是分析清楚"我是谁?""卖给谁?""我的卖点是什么?"。

设计人员要充分利用调查资料和各种信息,得出合理的方案,运用创造性的各种方法,绘制出构思草图、预想图或效果图等,从而产生多种设计设想。

一、准备构思

准备构思阶段的主要任务是对市场调研的结果进行整理和归纳,形成设计的思路。市场调研的结果主要包括产品的造型特征、色彩、材质、结构特点、工艺等市场需求信息,准备构思阶段应将这些信息归纳为统计表格等形式,以备对照参考。同时还应找齐现有同类产品的相关样本,从中发现产品色彩、材质、造型等优点,以供绘制各种草图及配色图时参考,同时也可以避免现有产品设计中的不足。

构思过程中应手脑并用,当一个新的"形象"出现时,应迅速用笔记录下来,再将多个构思进行重叠、组合,转化为设计的思路。

二、绘制创意草图

构思与草图记录相结合的过程,一方面需要尽力发掘出富于表现力的艺术形象,另一方面要考虑功能与美观、结构与工艺性、人与机器的配合、质量与经济性、产品与使用环境以及材料的选择等问题。这些问题是在整个设计中普遍会遇到的,在以后的设计阶段中,更应深入研究,使之完美地得到解决。

设计过程实质上是一个从理想到现实的过程,即从开始的需求理想到最终的产品实现。在设计初始的理想阶段,设计者可不受限制地大胆构思,即使是头脑中的一个闪念,也可将其表现出来,进而提出各种不同方案。在所提出的草图方案中,有些当时看来可能是不切实际的,但只要把它们记录下来,经过一段时间的酝酿和发酵,往往会变成可行的、有创新性的设计方案。即使它们不能成为有用的方案,对拓展思路、激发创造力也是有益的。

创意草图是设计师设计思想的直接反映,能清楚地表达出设计师的每一个思维跳跃和创意火花,因此,画好创意草图是很有必要的,也是在实际工作中非常有用的。这种草图不要求十分具象和真实,只要大体表现出透视效果和明暗效果就行了。一般都是画45°透视图;如果表达不够完整,可以再增画另外角度的视图。如果画错,不要在原图上改,应另外重新画。

勾画草图是在构思的基础上完成的,设计师需要将脑海中所浮现的构思在纸上采用速写的方法,用铅笔或炭笔等工具勾画出一个个形体草图。设计草图与艺术作品有区别,它要求图形清晰、线型准确、立体感强,能够较好地表现形体的各部分的组合关系,即产品的结构,而且能正确地反映产品各部分之间的比例关系、人机关系、装配操纵关系等。

在产品设计过程中,一般要绘制数十张至上百张的形体草图。草图的尺寸不宜过大,一般以扑克牌大小为宜。绘制形体草图是设计过程中非常关键的一步,因为它是从造型艺术角度渗透设计准备阶段的各种因素的结果,是一种形象思维的具体化过程,也是将构思反映在纸面上、形成三维空间形象的过程。

产品设计配色草图主要表现产品的色彩效果。完成形体草图勾画后,设计者要根据产品构思阶段多色彩分析的结果进行综合考虑。这种草图可采用水粉或水彩绘制,具体可分为两步,即先画好各种色彩的分色线,再确定所构思产品的色彩效果。配色图要求色彩鲜明、图面清洁,为了防止图面出现杂乱效果,不宜用色过多,一般以一至两种色彩为宜。

第四节　设计深入

在前期的设计基础上,已经有了大致的设计方向和设计效果,基于产品多元化的考虑,许多细节性的问题还需要进行深入修改与完善,即需要进行设计深入。在设计深入中应考虑的因素主要包括以下几个方面。

一、产品的功能性

产品功能是产品存在的根本,是消费者选择产品的依据,所以,在产品设计时应充分考虑使产品功能最大限度地发挥出来,并能顺利地实现。设计师的任务就是以顾客的需求为出发点,设置产品的功能模型以阐明和设计产品的体系结构。

二、产品的美观性

设计师应尽量保证产品的美观性,即产品应具有一定的美感,包括形态美、色彩美、工艺美等。

三、产品的宜人性

设计师应尽量保证产品的宜人性,包括人与物、物与物、物与环境、人与环境的协调。

人与物:首先是人的生理特征与产品的协调关系,即产品外部构件的尺寸应符合人正常使用的要求,操作力、操作速度、操作频率等要符合人体的动力学条件,各种显示方式要符合人接收信息量的要求,使人感到作业方便、舒适、安全;其次是人的心理特征与产品的协调关系,即产品的形态、色彩、质感要给人以美的感受。

物与物:首先是单件产品自身各零件、部件所构成系统的协调,包括形状、大小及彼此间的连接关系以及色彩搭配等;其次是单件产品与构成相互关系的其他产品的协调,例如,为发挥汽车的高速效能,就要设计好道路和桥梁,否则汽车的高速性能难以更好发挥。产品的设计不仅要可用,还要适用,表现为体量适中、使用舒适、气氛愉悦以及对特殊群体的关怀。

物与环境:产品与其所处的环境应相协调,安放不动的产品(不经常更换位置的产品)应与所处的环境在形、色、质方面相协调,对运动的产品(经常变换位置的产品)则应考虑各种变化的环境条件,使产品与环境相适应。

人与环境:使用产品的人与所处的环境应是协调的,这就要求人所处的环境应具有良好的光源条件,具有足够的照度,且分布要均匀,不产生阴影、眩光,在视野内无强烈对比,还应具有低噪声、无振动、无污染等特点。

第五节 设计定稿

设计定稿阶段的主要工作内容是评估与修订最终方案、绘制工程图和效果图、编写设计策划书等。

一、设计方案确定

在绘制了大量的草图方案和配色方案之后,设计者应把这些草案并列挂在墙面或展板上,以便于进行比较。设计者需邀请有关专家与同行讨论分析设计方案,选出一幅比较好的、有开发潜力的草图及配色图。设计者需要以选出的草图及配色图为基础,将思路延展和升华,再经过大量的绘制和筛选,确定设计方案。

二、效果图绘制

产品效果图是在产品设计的造型研讨阶段和造型汇总阶段描绘出的比较详细的设计图。产品效果图是向人们全面、完美地表现产品外观的一种手段,也是反映新产品的色感效果、形体效果、质感效果的一种有效方式,同时也是设计人员拟订方案、塑造模型的依据。产品效果图一般分为立体图、侧视图、后视图等,要求造型完美、形象逼真、结构合理、比例匀称、色彩协调、富于视感、尺寸严谨、绘制精确。

产品效果图分为手绘效果图和电脑效果图,由于效果图具有丰富表现力,它常常被称为工业设计的语言。作为一名现代的设计师,应该掌握计算机辅助设计技能,通过计算机辅助设计可以使产品设计更加方便、精确、直观。

三、产品模型制作

产品模型制作是产品设计过程中的重要环节,是产品造型设计的需要。产品模型为产品的纸面设计和产品的立体造型搭起了一座桥梁。产品模型是设计构思的立体形象,是设计者表达设计理念或构思的设计表现方法之一,是指设计者根据设计构思利用不同的材料、工具和加工方法将产品设计构思表现为具有三维立体形态的实体。

在设计完善阶段,设计方案可通过立体的模型表达出来。前期的设计往往是以平面草图与效果图的形式进行形态推敲的,而立体模型则能够将产品从整体到细节全方位地展现出来。这时,许多在平面上发现不了的问题,都可通过立体的模型显现出来。因此,模型制作不仅是对设计图纸的检验,也为最后的定型设计提供依据。同时,仿真模型还可以作为前期市场推广的实物形象加以运用。

在产品造型设计中,模型具有以下特点和作用。

(1)以三维形体充分表现设计构思,客观地、真实地从各个方向、角度、位置来展示产品的形态、结构、尺度、色彩、肌理、材质等。

(2)通过产品模型可研究处理草图和效果图中不能充分表达或无法表达的地方的问题,可研讨构思草图中不可能解决的产品形体上的很多具体的空间问题,如线面转折的过渡关系、细部与整体的协调关系、外观形态与内部结构的关系等,不断纠正从图纸到实物之间的视觉差异,从模型中理解产品的设计意图,进一步发展和完善设计构思,调整修改设计方案,检验设计方案的合理性。

(3)通过感官的实际触摸可检验产品造型与人机的相互适应性、操作性和环境关系,从而获得合理的人机效果。

(4)为设计交流提供一种实体语言,以利于研讨、分析、协调和决策,使有关人员充分了解设计者对产品的设计构想,并对所设计的产品做充分的分析和探讨,从而了解未来真实产品可能发展的设计方向。

(5)为产品投产提供依据,如产品性能测试、加工成型方法和工艺条件确定、材料选择、生产成本及周期预测、市场前景分析及广告宣传等,从而确定生产目标。产品模型常用的制作材料有黏土、油泥、石膏、纸板、木材、塑料(有机玻璃、聚氯乙烯等)、玻璃钢、金属等,可单独使用,也可组合使用。

四、工程图绘制

工程图绘制是在模型制作完成后进行的。模型制作完成后,采用防水纸板、胶合板、塑料片等材料,在模型的表面上进行测量,对测量的结果进行记录,为绘制工程图做准备。把模型的所有数据记录下来后,我们可利用各种不同的数据徒手画工程草图。因设计产品的种类繁杂,在绘制的过程中,要按不同的产品制图要求绘制。工程草图绘制完成后,根据产品的不同,分别以工程草图为基础,正式绘制工程图。工程图是产品投入生产的主要依据,故在绘制过程中要求准确且符合制图要求。

五、样品试制

新的设计定型后,下一步就是试制新样品,即以工程图为主要依据来塑造产品形体。新产品是采用真实的材料按生产工艺要求及设计要求制作的,也可以说是新产品大批生产前的第一件样品。在研制样品时,常常发生产品模型与样品之间存在一些小差别的情况,这些差别有两种:第一,模型的曲线、圆弧过渡和各种棱线的处理与现有工艺水平脱节;第二,样品的材料达不到设计要求的艺术效果。这些问题要求设计者与工程设计人员协商,在确保整体形态完整的情况下,对产品进行少量的修改,以符合工艺要求和生产要求。

六、设计报告书编写

设计报告书充分反映产品设计的整体过程,它必须真实准确,将该产品的设计选题阶段、产品市场调研阶段、准备构思阶段的过程,创意草图阶段的草图,确定设计方案的研究情况,效果图的几套成形方案、制作模型的过程、绘制的产品工程图、试制样品的过程等,采用文字、图表、图形等形式表现出来。此外,还应将针对产品的造型、色彩、材质的评价一并写在设计报告书中。

设计者在完成上述设计程序后,应把整体设计方案提交到有专业人员参加的设计方案讨论会上研讨定型。在讨论定型的过程中,设计者必须认真听取来自不同人不同角度的评价和意见,对整体方案做有益的修改和补充。

第六章 文创产品设计案例解析

第一节 "赤兔迎祥瑞"新年礼盒及系列文创设计
第二节 梦金园品牌系列文创设计
第三节 "方帛之上"汉绣系列文创设计

第一节 "赤兔迎祥瑞"新年礼盒及系列文创设计

学生:刘纪飞。

指导老师:胡飞扬。

项目介绍:该项目为"赤兔迎祥瑞"新年礼盒创意设计,主题意为"喜乐吉祥、家庭幸福、事业成功、国家兴旺"。在中国优秀传统文化背景下,以"宴乐文化"为题材,以湖北省非物质文化遗产老河口木版年画(剪纸)为表现形式进行创作。

一、前期调研与总结

1. 神话传说

(1)《春秋运斗枢》中记载:"玉衡星散而为兔……行失摇光则兔出月。"

"斗"指北斗七星,"衡"为第五星"玉衡","摇光"为第七星。以上记载的意思是:北斗斗柄的玉衡星散落,化生成地下的兔子;斗柄上"摇光"黯然失色,玉兔就从月亮里淡出。

(2)《春秋考异邮》中说:"荧惑不明,雉生兔焉。"

火星古称荧惑,呈红色,亮度常有变化,有时从西向东,有时从东向西,荧荧火光,使人迷惑,故称"荧惑"。"荧惑不明",是指阴阳不谐,导致地上阴阳错乱,雉就生下兔子来。因人们往往"雉兔"并提,故有此说,其实完全是臆测。

2. 吉祥寓意

"玉兔东升,银辉万里",这是人们描述太平盛世的吉祥语。玉兔本身就是一种吉祥文化的符号。梁国沈约的《宋书·符瑞》中说:"赤兔,王者德盛则至……白兔,王者敬耋老则见。"《瑞应图》中也说:"王者恩加耋老,则白兔见……赤兔者,王者德茂则见。"古人认为,赤兔上瑞,白兔中瑞,故国家事业火红兴旺、发达昌盛,就会有赤兔进入人们视野;王者敬老,国家安详和平,就会有白兔进入人们视野。

兔在传统文化中是通天使者,是祥瑞的象征。在民间,兔常是吉祥之物。

(1)幸运之神。

白兔是幸运之神,常能给人带来意外收获。典故"逐兔见宝"讲述的是一个人追捕白兔,白兔化而为人又化而为金的故事,暗示白兔会给人带来幸运。《魏书·崔浩列传》记载:"有兔在后宫,验问门官,无从得入。太宗怪之,命浩推其咎徵。浩以为当有邻国贡嫔嫱者,善应也。明年,姚兴果献女。"兔作为"善应"给太宗带来了美丽贤德的妃子。元剧《白兔记》"咬脐郎"在白兔引导下,与分散多年的老母团聚,也是"逐兔见宝"母题的衍生物。丘桓兴《神州平易近俗采英录》言我国山东一些渔村至今沿袭着一个古老的风俗:谷雨清晨,妻子往丈夫的怀里塞一白兔,用以祝福亲人远洋平安、捕鱼丰收。由此可知,吉祥的白兔从神圣的庙堂走向人间俗世,成为具有普遍意义的祥瑞之征。

(2) 祛病去灾之神。

兔是禳灾去病的保护神。古人认为兔神可保人平安,于是有一些独特的民俗,如正月初一门楣上挂面兔头镇邪禳灾、赠小孩兔画祈求福祉,元宵节游兔灯传递幸运,端午系兔香包祛毒保健康,中秋供兔神去病消灾。其中兔能祛病的信仰与神话传说玉兔捣药相关,并又衍生出兔是神医之说。据说,有一年京城瘟疫流行,月兔化而为医解救苍生,它时而男装时而女扮,或骑鹿马或驾虎狮,走遍京城每一个角落。后瘟疫祛除,月兔返回天上,人们便用泥塑造兔儿爷、兔奶奶的形象加以纪念。

(3) 生殖神。

在古人心中,"兔子"者即"吐子"也,兔与生殖是紧紧相连的。传说中"兔望月而孕,自吐其子",缪传兔的超强繁衍力,于是兔成为民间生育崇拜对象。古代女子中秋拜月,未婚的祈求月神赐予佳偶,已婚的祈求玉兔赐予多子之福。古人还想象出食兔求子的做法。在古代山西霍州,大年初一,未育女子要吃下白面做的"双吉兔",以求早日得子。

(4) 仁义道德的象征符号。

唐蒋防曾作诗称赞白兔是"皎如霜辉,温如玉粹""其容炳真,其性怀仁"。其实早在商周时期,兔就已被赋予了君子品德。在"君子比德于玉"的价值取向下,古人玉佩造型多取具有良好行为的动物,而兔是常用的形象。河南安阳妇好(商王武丁王妃)墓出土的平雕玉兔、西周佩饰玉兔的大量出土足以证明兔在古人心中的道德意义。

兔是应孝而生的动物。《后汉书》中有两个孝行感动兔儿的人物。一个是性情忠实的蔡邕。他服侍久病在床的老母,七十多天没睡过觉,若非季节变化,不曾解过衣衫。母死,蔡邕依礼守孝。在蔡邕守墓的屋旁,奇异之事发生了,"有菟驯扰其室傍,又木生连理"。另一人是方储,他"事母孝……除郎中,遭母忧,弃官行礼,负土成坟,种松柏奇树千余株,鸾鸟栖其上,白兔游其下"。另有隋时孝子华秋因白兔相陪守陵,得到皇帝的嘉奖。

3. 说文解字

"兔"在中国是一个美好的字眼。它既是人的生肖之一,也与人类的生命、人们的美好希望密切相连。由"兔"字派生出的汉字并不多,但都很有特点。例如,"逸"是一个会意字。兔子跑得快称为"逸"。《说文解字》等书都认为"逸"字表示兔子"善逃"。这表明,兔子是当之无愧的"长跑冠军"。于是,又有"奔逸""逃逸""逸失""游逸""隐逸""安逸""逸闻""超逸"等语汇。《说文解字》解释说:"冤,屈也。"冤,意为兔子在网罗栅栏之下,不能逃脱,只有屈从,不能舒展,引申为冤屈。于是,有"冤枉""不白之冤""鸣冤""申冤"等一系列词语。

以兔喻德,在汉语词汇中很普遍。

在汉语中,兔很少指代单纯的动物属性,而是一种意象符号,象征人的品性、能力或地位:或代表机智能干,如"狡兔"在"狡兔三窟"中比喻藏身之地(办法)多的人;或代表动作迅速敏捷,如"动如脱兔""兔起凫举""兔起鹘落";或代表弱势之人,如"一雕双兔"喻指三人并列显位,一人势盛而两人受其挟制。

"兔"与"菟"相通。"菟"就是牵藤寄生的草本植物"菟丝",也叫"菟丝子",又名"女萝",或

写作"兔丝"。"兔"添"土"旁为"堍",指桥梁两端靠近平地的部分,即上桥之处。"兔"与十二地支中的"卯"对应,汉代王充《论衡》说:"卯,兔也。"二者组成我们的生肖"卯兔"。"卯"的本字描画的是草木出土萌芽的形象。《说文解字》说:"卯,冒也。二月,万物冒地而出。"在十二时辰中,"卯"时是指早晨5—7时。

4. 成语或歇后语

成语:狡兔三窟;守株待兔;龟毛兔角;获兔烹狗;狐兔之悲;狐死兔泣;见兔放鹰;见兔顾犬;静若处子,动若脱兔;惊猿脱兔;狮象搏兔;势若脱兔;兔起鹘落;兔起凫举;兔死犬饥;兔丝燕麦;兔缺乌沉;兔头獐脑;兔葵燕麦;兔角牛翼;乌飞兔走;乌蹊兔走;一雕双兔。

歇后语:兔子的腿——跑得快;兔子的耳朵——听得远;兔儿吹笛子——嘴不严;兔子的尾巴——长不了;兔子看人——红眼了;兔子拉犁——心有余而力不足;兔子吃草——光哆嗦;兔子逃跑——不回头;兔子跟着月亮跑——沾光;兔子不吃窝边草——留情(青)。

5. 谐音词

突飞猛进——"兔"飞"萌"进;奋发图强——奋发"兔"强;前途无量——前"兔"无量;大展宏图——大展宏"兔";等等。

6. 兔年的祝福语

(1)送走的是虎年,迎来的是兔年;留下的是记忆,带来的是希望。

(2)爆竹声声辞旧岁,金兔呈祥迎新春!

(3)虎越雄关,兔临春境;鼎故辞旧,万象更新。

(4)虎啸九州展雄姿,玉兔携春又迎新。

(5)树上喜鹊喳喳叫,玉兔带着金砖到。

(6)玉兔迎新春,祝福齐送到:白兔祝你身体安康,黑兔祝你薪水高涨,灰兔送你梦想如意,花兔愿你早日高升;公兔祈祷你名利双收,母兔称赞你家和万事兴,只有兔崽崽最淘气,鞭炮连连,让你欢乐一整宿。

二、元素提炼及方案设计

1. 主题确定

(1)主题一:"祥迎瑞兔"新年礼盒设计。

寓意:家庭幸福、事业成功、国家兴旺。

· 兔形象及插画设计

以兔儿爷为原型,进行形象再设计。由于不同地区对兔儿爷的说法不同,特设定以老北京兔儿爷为原型进行再设计。兔儿爷形象设计如图6-1所示。

可将兔儿爷形象设计为不同的角色,使之与新年礼盒主题相吻合,可参考图6-2所示的门神形象设计。

· 礼盒产品内容设定

组合一:春联+益智手工DIY纸质折叠灯笼+盲盒红包。图例如图6-3所示。

图 6-1 兔儿爷形象设计

图 6-2 门神形象设计

图 6-3 春联、益智手工 DIY 纸质折叠灯笼、盲盒红包图例

图 6-4　木刻印章（图例）　　图 6-5　手账本设计 1　　图 6-6　手账本设计 2

组合二：手账本 + 便笺 + 木刻印章（见图 6-4）。

手账本设计：①封面和封底采用硬纸板材质，中间镂空，将电路嵌入其中，利用光电显示图案设计，如图 6-5 所示；②皮质材质，采用电脑刺绣，如图 6-6 所示。

(2) 主题二：奋发"兔"强新年礼盒设计。

寓意：奋发"兔"强取谐音"奋发图强"，寓意为在新的一年振作精神，努力进步，一切将往好的方向发展。

• 兔形象及插画设计

①结合中国传统文化中的"人生四喜"进行兔形象的设计。对"人生四喜"中的"洞房花烛夜""金榜题名时""他乡遇故知""久旱逢甘霖"分别设计不同的 IP 形象，应用在相对应的设计单品中，置入礼盒。

②结合传统文化中关于"发奋"的历史典故，如"悬梁刺股""凿壁偷光"等，进行兔形象设计，体现形象的趣味性。

• 礼盒产品内容设定

组合一：毛绒兔年门贴 + 公仔 + 红包。毛绒门贴、公仔的设计形式可参考图 6-7。

组合二：手账本 + 书签 + 趣味成语接龙卡片。趣味成语接龙卡片、书签图例如图 6-8 所示。

图 6-7　毛绒门贴、公仔

图 6-8　趣味成语接龙卡片、书签图例

(3) 主题三："逐兔见宝"新年礼盒设计。

寓意：会给人带来平安，具有普遍意义的祥瑞之征。

· 兔形象及插画设计

结合"逐兔见宝"的历史典故，衍生出现代"吉祥三宝"，分别是平安健康是宝、绿色环境是宝、家国兴旺是宝（待定），由此进行设计。

· 礼盒产品内容设定

组合一：福字 + 春节贺卡 + 盲盒红包 + 滚轴木刻印章。图例如图 6-9 所示。

福字："启福" = "祈福"，采用刮画纸的设计，用户可以刮出图案，增加趣味性。

春节贺卡："千里传音"，内置发声装置，具备录音功能。

盲盒红包 + 滚轴木刻印章：该组合有"财源滚滚"之意。

图 6-9　福字、春节贺卡、盲盒红包、滚轴木刻印章图例

续图 6-9

图 6-10　手账本图例　　　　图 6-11　可以放照片的密封袋

组合二：手账本＋异形尺子＋益智手工 DIY 纸质折叠灯笼。

手账本图例如图 6-10 所示。扉页为立体剪纸设计（宴乐图场景），在后面单独设计可撕贴纸，最后的底面做一个口袋式封套，设计为内部可以放照片的密封袋，如图 6-11 所示。

2. 兔形象设计及插画风格设计

结合湖北省非物质文化遗产老河口木版年画的表现技法及色彩运用进行设计。

(1) 风格参考图一：单色＋线条＋现代元素，如图 6-12 所示。

(2) 风格参考图二：色彩＋线条直上直下，如图 6-13 所示。

图 6-12　风格参考图一

图 6-13　风格参考图二

结合老河口木版年画的相关特点进行插画的表现。

老河口木版年画相关资料如下：

①肇始于唐，勃兴于宋。到清代乾嘉盛世以后，年画逐渐形成地方流派。老河口木版年画兴盛于清乾隆至光绪年间，是中国古老的民间木版年画中的一种传承形式，由南派木版年画的发源地桃花坞经河南的朱仙镇传于老河口。

②制作工艺：

老河口木版年画讲究"陡刀立线"，刻刀所刻出的线条上下基本等宽，以纤毫毕现地展示人物形象。

老河口木版年画采用的是套印的方法，即在题材所需要的颜色确定之后，便根据图案上颜色的种类和分布依次雕版。通常完成一套版画需要五块版，分别为黑、红、黄、绿、紫等颜色，其中黑色的版是主线版，其他的为色版。印刷的时候，先将纸在主线版上印刷，再使用其他色版，直至套印完毕。

③艺术特色：

老河口木版年画有着浓厚的地方色彩和生活气息，构图饱满而主次分明，线条密实并一丝不苟，颜色丰富且对比鲜明。

④题材作品：

老河口木版年画大多取材于历史戏剧、演义小说、民间故事、传说，也有适应需要而刻制的农历、农事谚语、书法条幅等，题材广泛，表现质朴、原始，有着强烈的民族原生态气质。

传统木版年画表现吉祥喜庆的有"麒麟送子""福寿双全""百寿图""百年好合""赵公元帅""燃灯道人"等；表现人康宅安、祈祷神灵庇佑、驱邪降福的常以钟馗、秦叔宝、关公、尉迟敬德等为内容。（见图6-14）

图 6-14　传统木版年画

3. 礼盒结构设计

(1) 礼盒结构一：扇面结构，如图 6-15 所示。

设计诠释：

①为长方体状且进行八角切割，由上面打开后，会形成一个扇面结构；

②设计腰封，并进行镂空设计；

③材质为硬纸板＋特种纸；

④可作为屏风摆件进行二次利用。

(2) 礼盒结构二：提拉式结构，如图 6-16 所示。

三、方案确定及总结

1. 礼盒名称

确定礼盒名称为"赤兔迎祥瑞"。

2. 礼盒视觉表现

(1) 兔形象设计。

设定以老北京兔儿爷为原型进行再设计。

(2) 视觉插画设计风格及内容走向。

老河口木版年画思维导图如图 6-17 所示。

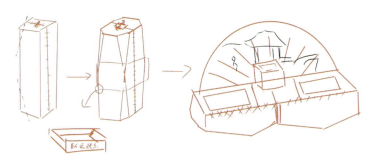

图 6-15　扇面结构

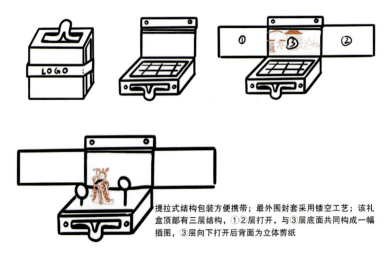

提拉式结构包装方便携带；最外围封套采用镂空工艺；该礼盒顶部有三层结构，①②层打开，与③层底面共同构成一幅插图，③层向下打开后背面为立体剪纸

图 6-16　提拉式结构

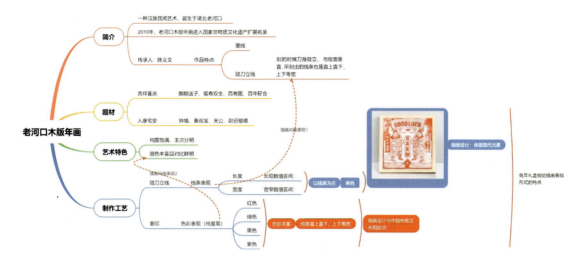

图 6-17　老河口木版年画思维导图

图 6-18　风格设定

结合老河口木版年画思维导图引出插画设计方向：

①风格设定：单色 + 木版年画表现形式，如图 6-18 所示。插画设计与中国传统文化相结合。

②内容设定：现代时尚元素 + 中国优秀传统文化。

"赤兔迎祥瑞"设计中，关于传统文化的梳理如下。

结合"赤兔迎祥瑞"春节主题，在传统文化内容上，要体现"喜乐吉祥"之意，因此，定位传统文化中"宴乐"文化。

a. 从画像石、画像砖、壁画、扁壶（以汉代为主）中提取元素，如图 6-19 和图 6-20 所示。

b. 以中国传统文化中"夜宴图"为背景，进行设计。

《韩熙载夜宴图》（见图 6-21）中的人物形象表现不同的宴会状态，"赤兔迎祥瑞"的插画设计可以参考其近景中的宴会人物状态。

图 6-19　画像石、画像砖

图 6-20　汉墓壁画《宴饮百戏图》

四、最终方案设计

1. "赤兔迎祥瑞"产品设计

(1) 手账本。

图 6-21　《韩熙载夜宴图》

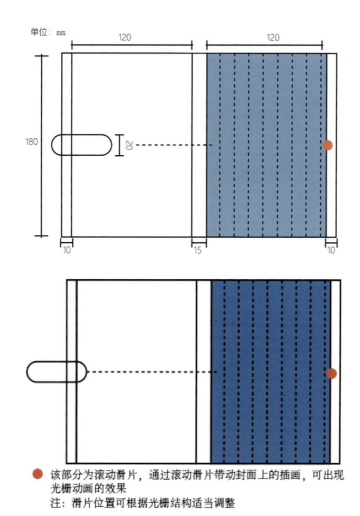

图 6-22 手账本平面展开尺寸

手账本平面展开尺寸如图 6-22 所示。

视觉设计如图 6-23 所示。

图 6-23 手账本视觉设计

第六章 文创产品设计案例解析

续图 6-23

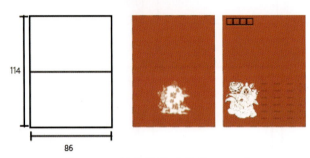

图 6-24 贺卡设计（单位：mm）

(2) 贺卡。

贺卡设计如图 6-24 所示。

(3) 滚轮。

滚轮结构及尺寸如图 6-25 所示。后因目前市场上没有找到合适尺寸的滚轮且根据礼盒尺寸测试，对滚轮尺寸进行了调整。

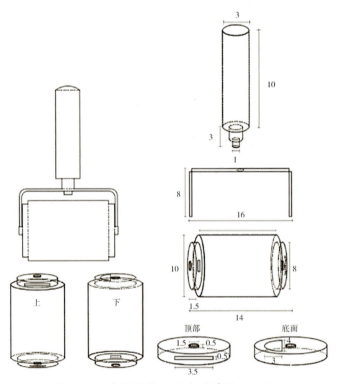

图 6-25 滚轮结构及尺寸（单位：cm）

滚轮三维建模白模造型如图 6-26 所示。

滚轮图案视觉设计如图 6-27 所示。

滚轮设计效果如图 6-28 所示。

图 6-26　滚轮白模造型

图 6-27　滚轮图案视觉设计

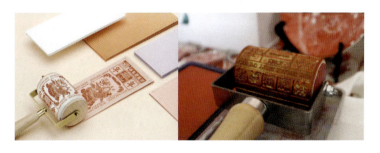

图 6-28　滚轮设计效果

图 6-29 红包设计效果（单位：mm）

(4)红包。

红包设计效果如图 6-29 所示，尺寸可根据礼盒空间调整。

2."赤兔迎祥瑞"礼盒设计

(1)效果图展示。

礼盒外部效果如图 6-30 所示。

礼盒内部效果如图 6-31 所示。

图 6-30 礼盒外部效果

图 6-31 礼盒内部效果

(2)礼盒视觉设计（插画部分）。

礼盒封面插画如图 6-32 所示。

礼盒内置插画及尺寸如图 6-33 所示。

礼盒内置插画及其对应位置如图 6-34 所示。

图 6-32　礼盒封面插画

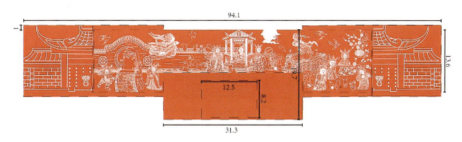

图 6-33　礼盒内置插画及尺寸（单位：cm）

图 6-34　礼盒内置插画及其对应位置

(3)礼盒立体结构设计。

立体结构定位图如图6-35所示。

立体建筑结构如图6-36所示。该建筑整体外观为六面体,需要展示六面的三维效果。

设计中的立体结构尺寸仅供参考,需根据实际情况进行调整。建筑结构(如线条)若过于复杂、不便实现,可在原基础上进行调整。

立体建筑结构设计可参考图6-37和图6-38。

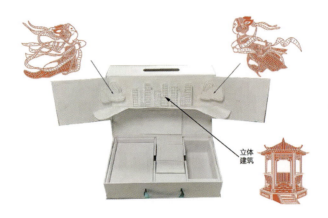

图6-35 礼盒立体结构定位图

图6-36 立体建筑结构

图6-37 立体建筑结构设计参考1

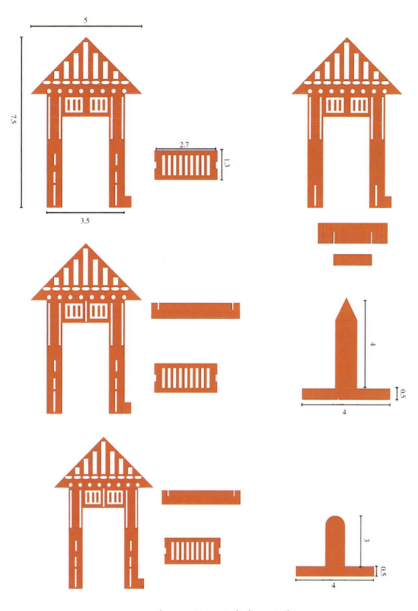

图 6-38　立体建筑结构设计参考 2（单位：cm）

飞天造型如图 6-39 所示。

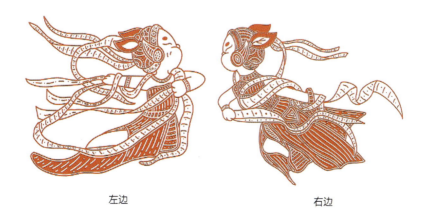

左边　　　　　　　右边

图 6-39　飞天造型

3. 新年礼盒设计效果展示

"赤兔迎祥瑞"新年礼盒设计效果如图 6-40 所示。

图 6-40 "赤兔迎祥瑞"新年礼盒设计效果

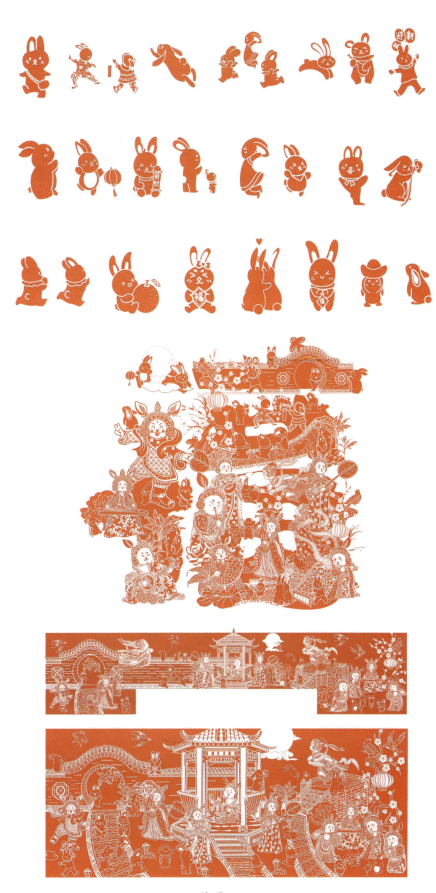

续图 6-40

续图 6-40

续图 6-40

4. 文创产品设计

"赤兔迎祥瑞"文创产品设计如图 6-41 所示。

图 6-41 "赤兔迎祥瑞"文创产品设计

续图 6-41

第二节　梦金园品牌系列文创设计

学生：胡文锦。

指导老师：胡飞扬。

项目介绍："圣府传世"系列是梦金园品牌(见图6-42)与"三孔"(孔府、孔庙、孔林)IP联合打造的，旨在用艺术展现文化，以技艺传承匠心。梦金园将孔圣文化通过高纯度的黄金材质和传承的非遗技艺表达，铸就一份孔圣好礼，承载千年文化气韵和祝福，展现未来的时尚之美，让消费者能够在精致时尚的产品体验下感受儒家思想文化魅力与深厚祝福。

产品名称："圣府传世"系列。

广告主题："圣府传世·祈愿未来"。

品牌调性：梦金园作为精工金饰专家，主打高纯度(999.99‰)黄金产品(见图6-43)，秉持大国品牌的匠心精神，传承民族技艺，融合中国传统文化，创新时尚设计珠宝，塑造民族品牌典范。

传播/营销目的：提升梦金园的品牌知名度和产品认知度，驱动消费者试戴、购买；通过作品，将梦金园精工金饰专家的品牌定位传递给消费者，打造梦金园国民品牌形象，同时将梦金园"圣府传世"系列的产品特征与精工工艺特色通过各种形式展示给消费者；通过作品，让中国文化得以传播，让梦金园民族品牌时尚化的形象通过不同形式表达。

目标用户群：20~45岁人群。

主要竞争者：国内其他黄金珠宝品牌，如周大福、周生生、潮宏基、老凤祥、周大生、老庙等。

此次梦金园品牌"圣府传世"系列包装设计如图6-44所示，衍生品设计如图6-45所示。

图6-42　梦金园品牌

图6-43　梦金园黄金产品

续图 6-43

图 6-44　包装设计

续图 6-44

文创产品设计

续图 6-44

图 6-45 衍生品设计

续图 6-45

第三节 "方帛之上"汉绣系列文创设计

学生：韩彩越。

指导老师：胡飞扬。

项目介绍：该项目以 2019—2022 年的时事热点，如新冠疫情、直播带货、元宇宙《唐宫夜宴》、神舟十三号、冬奥会等为创作内容，以汉绣技法为表现形式，将传统工艺与现代元素进行融合创新，打造出易于被消费者接受的时尚单品。

一、内容设计

根据项目背景进行内容设计，确定项目名称为"方帛之上"，内容思维导图如图 6-46 所示。

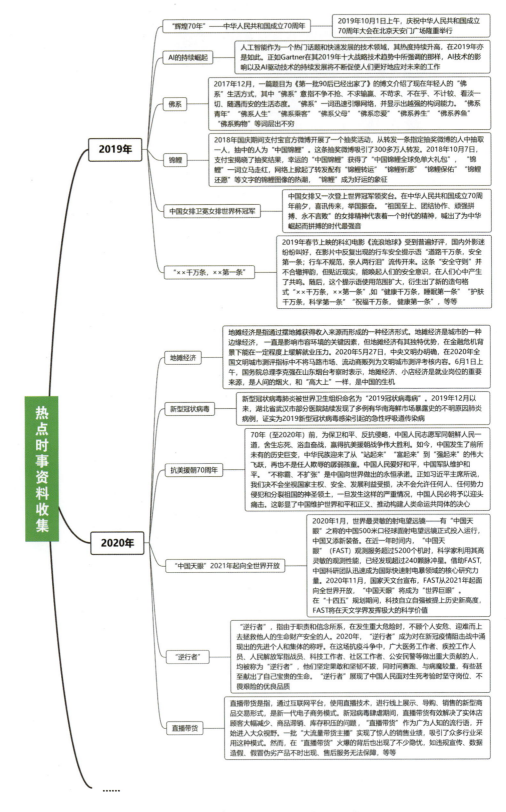

图 6-46 "方帛之上"项目内容思维导图

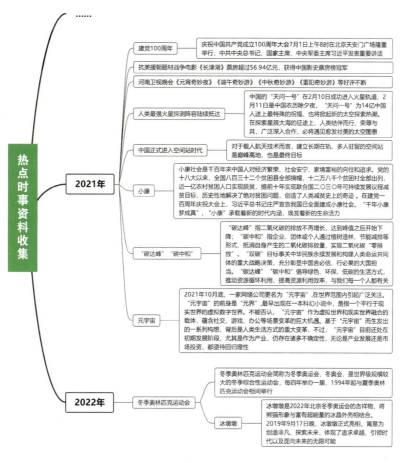

续图 6-46

二、汉绣针法研究

汉绣针法研究如图 6-47 和图 6-48 所示。

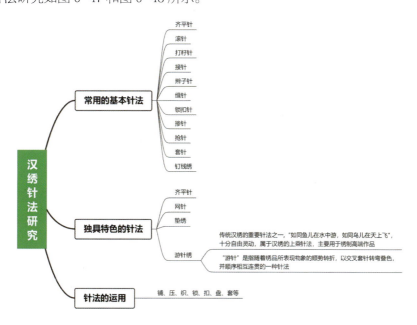

图 6-47 汉绣针法研究思维导图

基础针法			
针法名称	传统刺绣作品	针法示意图	针法步骤	针法特点
齐平针			第一步：分层，每层距离相同，丝线从外轮廓开始向内绣，竖直方向从左往右每一针线条长度相同，线条之间相互平行。 第二步：绣制第二层，方法与第一层一致，注意每一针的方向指向图案中心，要绣出轮廓相同的弧度，还要根据图案跳色。 第三步：第三层及之后各层绣法与第二层相同。若是绣花卉，则注意花朵间需要留出水路——缝隙。	线迹排列紧密，绣面平整，边缘齐整，有横缠、竖缠和斜缠三种方式。
掺针（插针绣）			第一步：起、落针都需在花样的外缘，线条要匀，一针长一针短，不重叠、不露底，如此往复。 第二步：每组之间有衔接却不互相交错，在颜色交替的位置留出一定空隙，然后用不同长度的针脚把各种颜色的丝线掺缝进去，即便不用颜色区分也有比较明显的分层。	施针灵活，调色柔和，颜色变化柔顺。
游针绣			第一步：绣线在布料上固定后，离固定处直线拉出一段距离。 第二步：第一针结束后，在距离第一针长度1/2处穿出第二针，再用针轻轻拨开第一针丝线，从左下方丝线中间下针。 第三步：第三针与第二针长度相等，出针后从第一针下针处背面下针。注意，一旦第二针选择了左下中间方向下针，其后针法也需要按照此方向。	具有灵活自如的特点，随所绣图样的曲线顺势转折，并相互连贯。 绣线细，针脚长短安排适当，线条流畅，自然生动。 适合用于表现凤尾、花朵、水草等带有流动感的物象。
打籽针			第一步：针穿过绣面，留出一定的长度。 第二步：左手拿着针上的绣线，绕右手的针三圈，注意不要太紧或太松。 第三步：将缠好的针向下轻轻刺入绣面，注意用力不要过度。 第四步：将针从三层线圈中向下抽出，注意抽针时不要太用力，容易扯坏，且需将三层圈带下去，适当用力，不用力容易扯不紧，导致"籽"不均匀。	因表现如同米粒而闻名，多用于古朴的图案。
垫绣			采用齐平针法和网针法相组合的方法绣制。 第一步：铺层底线打底（用齐平针法）。 第二步：在其上面走针，与底面走针方向、角度要错开或是往相反方向。	绣制之前，先在图案花纹部位垫上棉纱，然后在其上绣花，绣成后具有浮雕般立体感。

图 6-48　针法研究

特色针法				
针法名称	传统刺绣作品	针法示意图	针法步骤	针法特点
盘金绣			将金、银线依照一定的图形结构铺排在绣地上,并用彩线施以钉针绣将其固定在绣面上刺绣。	盘金绣是最具汉绣特色的刺绣手法之一。 盘金绣由于不能直接穿透绣底,只能借助丝线将其抹钉到绣面上,形成浅浮雕的立体效果,呈现大块面或线条感。
蹦针（蹦龙针）			蹦针与盘金绣呈现出来的肌理结构不同。 蹦针是汉绣中片甲针的演变,是将片甲针中半圆的鳞片形线拉直,形成富有节奏感的编织锦纹肌理效果。	蹦针是汉绣独创的特色针法,根据绣制效果命名,即采用蹦针技法可让所绣制的物象在平面绣地上跳跃起来,使其具有生命的活力。 蹦针虽常见于传统龙凤纹样中,但因其绣制时由线集面的抽象化几何形,具有韵律感的肌理效果而形成了独有的视觉装饰艺术美感,给予现代刺绣装饰艺术品很大的可塑造性。
钉金绣			第一步:将金、银线按照图案的形状盘起来,要紧贴图案边缘。 第二步:将金、银线每隔一段使用红线钉在绣面上。 第三步:图案需要通过钩金、银线的修饰手法利用增、补、填来收尾。	钉金绣的主体色为金、银二色,因其反光效果好,又被称为光泽绣。 这种绣法既有很好的收边作用,又能渲染氛围。
平金夹绣（平金彩绣）			平金彩绣是盘金和平绣的组合,需金线和色线相配,在整幅绣面上既有用盘金绣绣制的纹样,又有用色线绣制的图案,二者有机地融合在一起,运用材质的肌理对比,具有极强的装饰美感。	可使极简陋的绣面呈现出极好的装饰效果。 平金彩绣的这种艺术风格是汉绣区别于其他绣种的明显特征。
锁扣针（锁链绣）			第一步:针从一点刺出,引出全线。 第二步:针从紧邻的另一点刺入,立刻刺出,线压在针下。 第三步:拔出针、引出全线并拉紧,形成第一个锁扣。 第四步:用同样的方法形成第二个锁扣,就这样一直绣。	纹理与女孩子梳的辫子相似。锁扣针的针法类似于服装上锁纽扣眼,在中国历史上出现得较早。
网针（编绣或格锦绣）			用针线的横、直、斜线条自由组织成各种样式的网状结构图样。	网格结构图形中形成的有规律的图案称为芦席格、万字锦、冰竹梅和灯笼锦等,常用于汉绣戏衣中的衣摆、袖口和衣襟边缘图案纹样。

续图 6-48

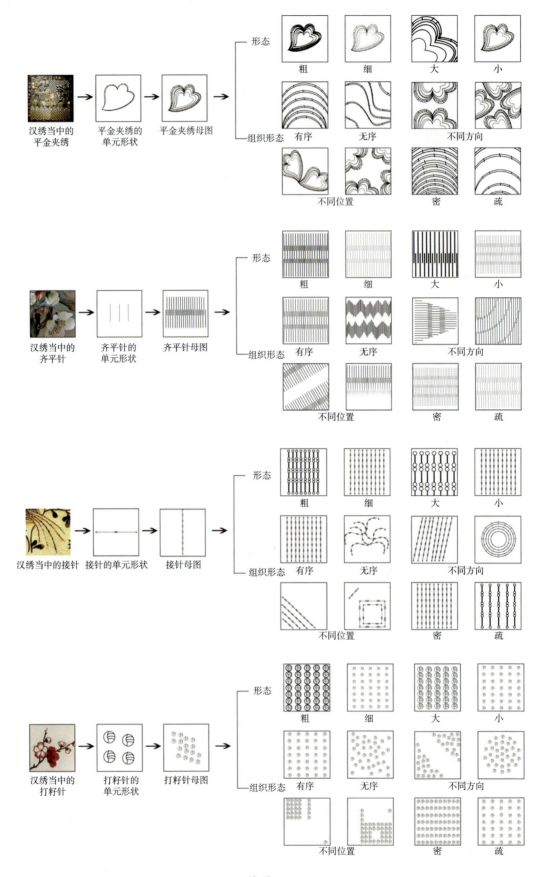

续图 6-48

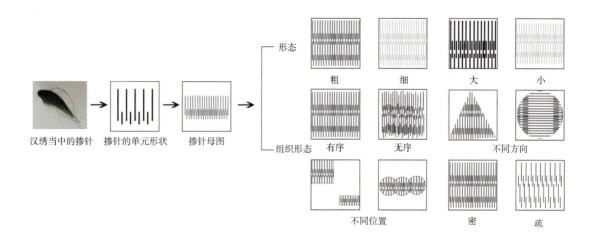

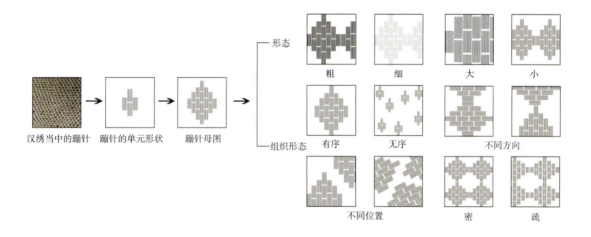

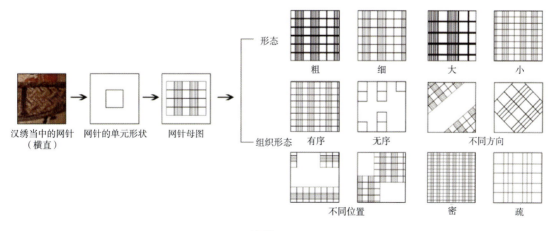

续图 6-48

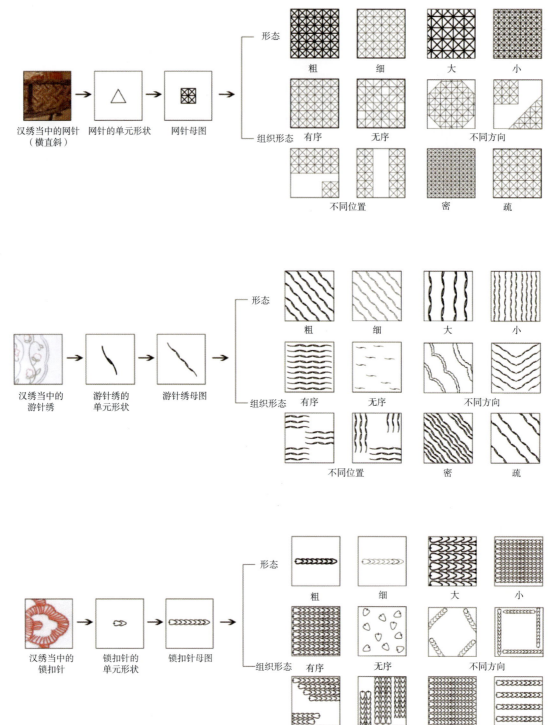

续图 6-48

三、定稿设计

"方帛之上"系列定稿设计如图 6-49 和图 6-50 所示。

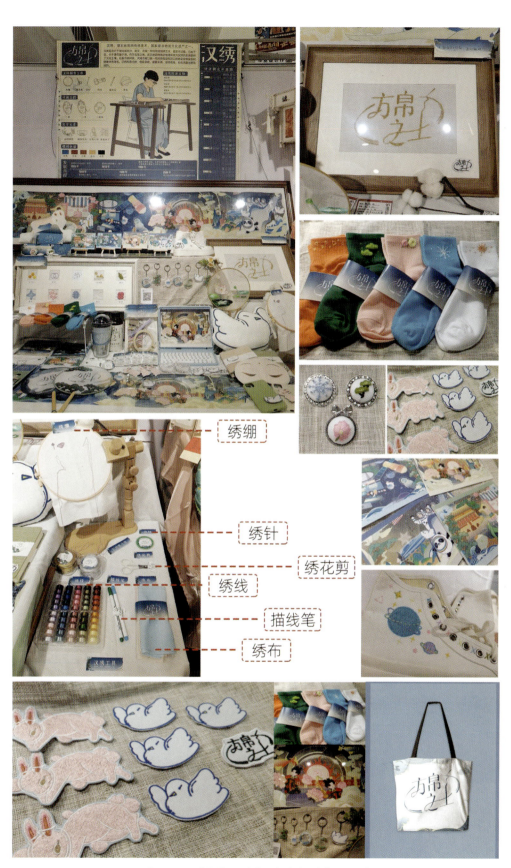

图 6-49 "方帛之上"系列文创产品设计

图 6-50 "方帛之上"系列汉绣视觉设计

第七章 文创产品创意设计实践

图 7-1 至图 7-37 所示为文创产品创意设计实践产品。

图 7-1 "丑不啦唧"系列文创设计

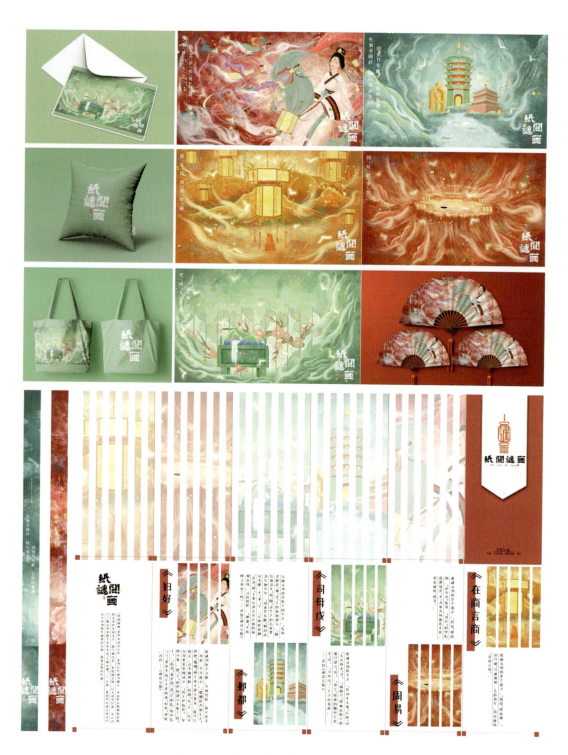

图 7-2 "纸间谜画"系列文创设计

图 7-3 "一末带十杂"系列文创设计

图7-4 "异新"福禄寿系列文创设计

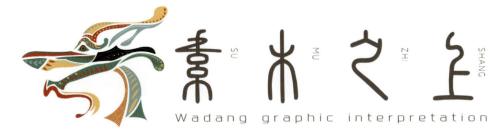

图 7-5 "素木之上"系列文创设计

图7-6 "我心中的三神山"系列文创设计

图 7-7 "狮醒东方"系列文创设计

图7-8 紫竹蜂胶口腔膜IP形象及系列文创设计

续图 7-8

续图 7-8

"遇藏"系列文创产品设计

设计理念：
　　这个系列插画设计，提取了甘肃拉卜楞寺的一些纹样元素，整体画面色彩饱和度高且鲜艳，并且画面表现出了藏族人对于佛的虔诚，任何事情都能仰仗信仰的力量去承受并超越。

色彩应用：

● 组合文创应用设计
● 手提袋应用设计
● 瓷盘应用设计
● 抱枕应用设计
● 丝巾应用设计
● 包装盒应用设计
● 扇子应用设计

图7-9 "遇藏"系列文创设计

"耕艺"纹样文创设计

设计说明：
　　根据屈家岭的农耕文化和陶艺文化，对其进行设计结合，把农耕人物劳作的剪影和陶瓷的外观融入画面当中使其拥有现代气息，表现了农耕文化和陶瓷对现代社会的作用。

▼ 耕艺色彩应用
▶ 耕艺细节图
▶ 耕艺线稿图
▶ 耕艺定稿图
▼ 文创产品设计

图7-10 "耕艺"系列文创设计

"潮动海洋"文创系列产品设计

设计说明：此作品在插画构思创意中主要结合海洋医药、海洋通信、海洋工业、海洋生态、海洋能源五点来表现未来海洋发展趋势，颜色对比强，亮丽夺目，采用红绿蓝撞色更加展现海洋勃勃生机。

原创插图 ▽▽▽

5 五点创意构思

和谐

海洋医药　海洋通信　海洋工业　海洋生态　海洋能源

环保　文创系列产品实物图

科技　文创系列产品效果图

潮动海洋

图 7-11 "潮动海洋"系列文创设计

图 7-12 "绿林风韵"系列文创设计

图 7-13 "荆华旧梦"系列文创设计

图 7-14 "绿林情素"系列文创设计

图 7-15 "陶之韵"系列文创设计

图 7-16 "陶桃不绝"系列文创设计

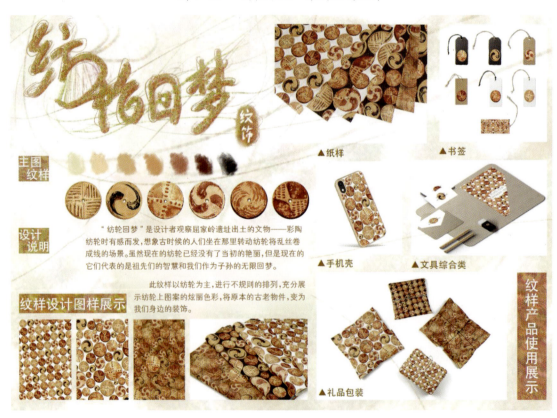

图 7-17 "纺轮回梦"系列文创设计

图 7-18 "壶桃彩绘"系列文创设计

图 7-19 "农耕风韵"系列文创设计

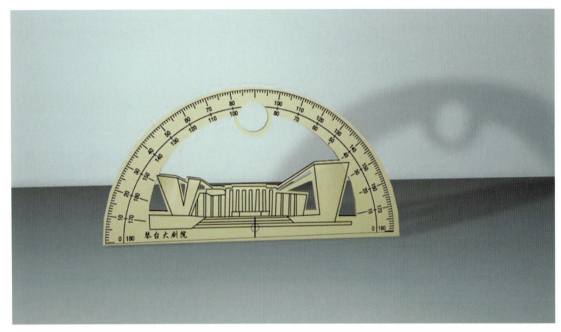

图 7-20　琴台大剧院学习用尺文创设计

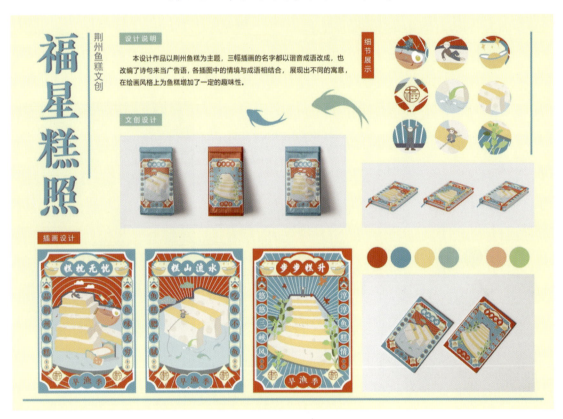

图 7-21　"福星糕照"系列文创设计

武汉文创
——文创耳环设计

● 线稿图设计

● 效果图设计

● 设计说明

整个耳环造型以"武汉"两个字来变形再设计,以黄鹤楼造型为主,再结合长江等武汉特有的元素来丰富整个图形,象征着武汉独有的地域文化。将"武汉"两个字竖向排列,整个大轮廓和黄鹤楼相结合,中间的笔画结合江水的形态,还加入了抽象的山和太阳,代表武汉的好山好水好风光,让武汉文化走向更好的未来,向全国乃至全世界宣扬武汉文化。

● 文创产品展示

图 7-22　武汉文创耳环设计

整体展示效果

细节展示

设 计 说 明

从产品造型到设施的安全、美观、实用、方便等各个角度去观察，进行侧边窗设计和内部抽拉结构的创新，设计出一个美观、方便、实用的文创产品，与西兰卡普风格相结合

作 品 介 绍

本产品参考抽纸盒的基础造型形式，在配色及侧边等结构处进行创新，运用西兰卡普的图形样式与配色风格相结合，体现最新的设计理论和行业动态，为科学合理的设计创新

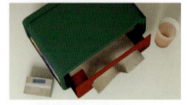

我们的世界正在以飞一般的速度向前迈着，二十一世纪是信息化的，处在这个大环境需追求全新的设计理念

图 7-23　西兰卡普抽拉式纸盒设计

"舞悦汉韵"

——文创产品设计

材质：925银
镀18K钢
钢色

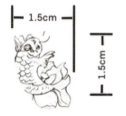
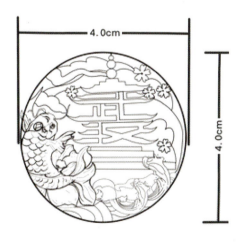

设计说明：

此款项链灵感来源于武汉几大标志性特色，首先是主题元素武汉黄鹤楼与"武汉"两个字进行结合，突出主题的表现，其次是左侧的鱼，具有浓厚的武汉特色，然后是右侧长江水花的布置，最后是樱花作为点缀。

图 7-24 "舞悦汉韵"吊坠设计

图 7-25 "当阅"武当文创设计

图 7-26 "日照武当"文创设计

文创主视觉： 文创标题设计： 细节展示：

场景一 SCENARIO 1　场景二 SCENARIO 2

文化内涵：

昆曲
汉族传统戏曲中最古老的剧种之一

场景三 SCENARIO 3　场景四 SCENARIO 4

昆山周市舞狮
民间舞蹈　周市舞狮已有一百多年的历史

昆山 陆家断龙舞
民间舞蹈　陆家是著名的"舞龙之乡"，其中，"断龙舞"是最负盛名的舞种，最精彩的看点是"龙身"节节相离

颜色选用：

"昆山印象"应用设计

鼠标垫▼　　　　　　　　　　手机壳▼　　　　　　　　　　手提袋▼

图 7-27　"昆山印象"视觉设计

图 7-28　武汉文创产品——香座

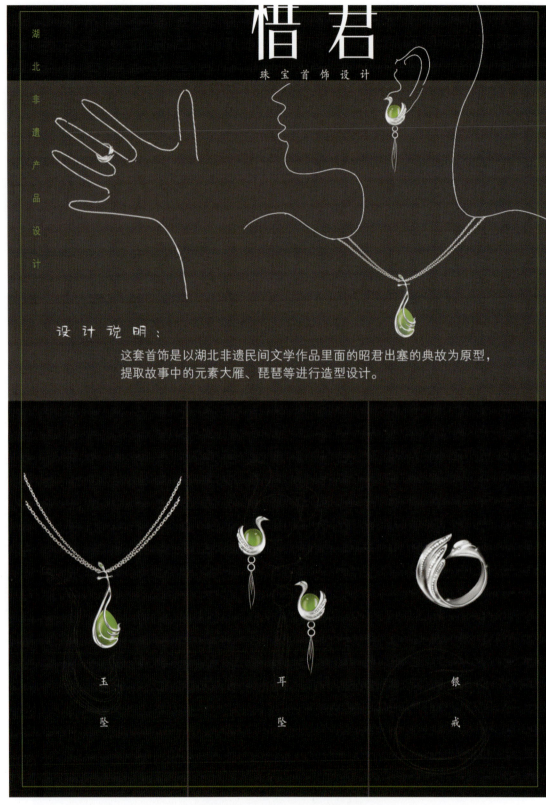

图7-29 "惜君"珠宝首饰设计

图 7-30 武汉城市文化系列文创设计

"繁光秋城"系列插画及文创设计

该系列插画以陕西、甘肃两个省份的特色建筑及文化进行创作,分别将大唐芙蓉园、月牙湖、卧佛等特色元素融入画面中,整体以水墨风格为主,体现出不同城市的文化特色;在色彩方面,以红黄色调为主,营造出一种节日氛围。

图7-31 "繁光秋城"系列文创设计

图 7-32 "繁城锦韵"系列文创设计

"文物碰撞"系列插画及文创设计

■ 设计说明

该作品以陕西历史博物馆为创作背景，对传统纹样进行了提取、简化与再设计。画面主体为经过再设计的佛像，还有博物馆里面收藏的著名的镶金兽首玛瑙杯，再与敦煌特有的飞天形象进行结合，整个画面都是用线条表现的，利用线条运动方向和曲线的疏密缓急变化等来表现中国传统文物之美。

图 7-33 "文物碰撞"系列文创设计

———————————— "千年绮华"系列插画及文创设计 ————————————

设计说明:"远赴人间惊鸿艳,一睹'大唐'盛世颜。"该系列作品以西安、敦煌两地为创作内容,融入鼓楼、大雁塔、大佛、唐三彩载乐骆驼俑、芙蓉园、莫高窟等特色元素,令人仿佛登高俯瞰鼓楼,赏看不尽的石榴花,认识历史文化,感受佛教文化,梦回千年长安。

图 7-34 "千年绮华"系列文创设计

"凤临武当"
——文创设计

■ 主视觉设计

■ 设计说明

该作品主要是根据武当山进行设计,其中主要建筑是金殿和武当山入口处的牌坊,再结合凤凰进行场景插画设计,在设计中与武当山的地势等环境进行结合。在进行主要元素——凤凰的设计时,选用比较复古的颜色,更能突出武当山的特点,以此能更好地宣扬武当山。

■ 色彩应用

■ 线稿设计

■ 细节展示

■ 文创产品设计

图 7-35 "凤临武当"系列文创设计

"一梦入敦煌"系列插画及文创设计

该文创设计是在传统敦煌壁画中人物上进行创新，塑造不同的IP形象，结合敦煌"步步生莲"图的人物要素，加入莲花、祥云等元素丰富画面。另有敦煌三兔共耳图的花纹元素，还有火焰纹等。人物形象参考六臂乐伎飞天，配以敦煌壁画中的一些乐器，人物丝带飘飘，云中鸣乐。作品参考敦煌壁画中的胡旋舞、引路菩萨图、文殊变等，将敦煌文化年轻化、大众化。背景以敦煌壁画的纹样、佛光图案为主，从结构到形象、色彩都变得相对简单和程式化，初唐、盛唐时期盛行的团花、卷草等纹样全然不见，主要以几何形组合背光图案，如云头纹、三角纹、具立体感的回形纹、卷曲的带状纹等。

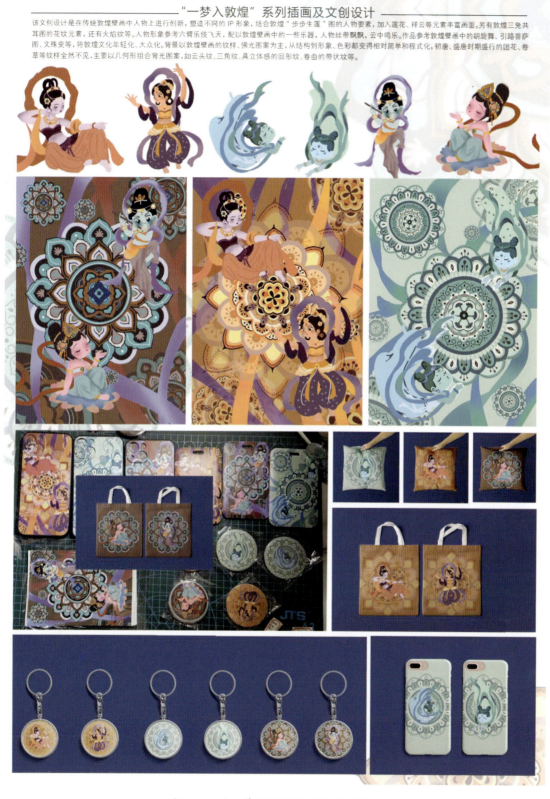

图7-36 "一梦入敦煌"系列文创设计

图 7-37 "楚酒"文创设计